私は私。母は母。

あなたを苦しめる母親から自由になる本

フェミニストカウンセラー
加藤伊都子

すばる舎

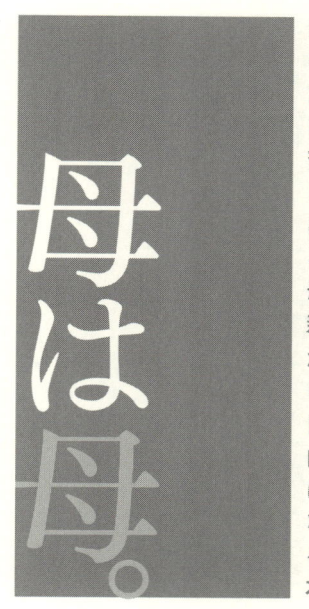

心優しい娘たちへ
「あなたたちは自由になれる」

私が母娘関係について最初に発言したのは、一九九三年十月三日に大阪市立大学で行われたフェミニストカウンセリング全国大会のワークショップ「母と娘の関係」においてである。この大会で現在の日本フェミニストカウンセリング学会の前身である「日本フェミニストカウンセリング研究連絡会」が結成される。

当時私は「ウィメンズセンター大阪」で、河野貴代美さんの指導を受けていた。河野貴代美さんは米国からフェミニストカウンセリングを持ち込み、日本に初めてのフェミニストカウンセリングルームを開設した女性である。私が所属するフェミニストカウンセリング堺の開設時の仲間でもあり、これまでに多くのフェミニストカウンセラーを育てている。このワークショップも河野さんの指導による研究グループの取り組みの一つだった。これをきっかけに誕生した「母娘関係グループ」は以後も活動を続ける。月一回の話し合いを重ね、その成果をもとに、フェミニストカウンセリング全国大会で分科会を二回、ワークショップを一回開催している。このグループがメンバーの事情により解散したのが、一九九七年秋、その半年後に「フェミニストカウンセリング堺」で「私と母」の語り合いグループが誕生する。

「フェミニストカウンセリング堺」は一九九五年四月、大阪府堺市に、河野貴代美さんと彼女の指導を受けてきた仲間たちで開業したフェミニストカウンセリングルームである。そこでは開業以来、フェミニストカウンセリングのほか、自己主張トレーニング、自己尊重トレーニングなど女性のためのグループトレーニング、女性が人生の途上で出合うさまざまな問題をテーマとした講座や語り合いグループ、フェミニストカウンセラーの養成などが行われてきた。ドメスティック・バイオレンスやセクシュアル・ハラスメント被害の当事者のための活動、子育て期の女性のための講座やグループ、摂食障害等依存症のための女性のためのグループなど、これまで女性が抱えるあらゆる問題に取り組んできたように思う。

私もカウンセリング、講座の講師、グループトレーニングのリーダー、語り合いグループのファシリテーターなど、さまざまな活動を行ってきた。その中でも特に、「母娘関係」をテーマとしたグループ、講座に積極的に取り組んできた。その最初となるグループが、「私と母」の語り合いグループ「スイトピー」である。隔週一回の集まりをほぼ二年、計四十回重ね、二〇〇〇年五月講演会を主催、その講演録を中心に冊子『母娘かんけい』をまとめている。

このグループの終了後も、私は、次々と誕生するグループのファシリテーターをつとめてきた。それと同時に、解説とワーク、語り合いを組み合わせた、全八回程度の「母娘関係」をテーマとした講座も続けてきた。その時々の参加メンバーのニーズにより、取り上げるテーマは変わるが、基本的な形は変わらない。

母の存在に重苦しさを感じながらも、そのことを口にできない娘たちに「母が嫌いだ」と言ってもよいと伝えることは、彼女たちを「いい娘」の呪縛から解放する。また、なぜ「母娘関係」がほかの関係に比べて、ことのほか苦しいのかという解説は、彼女たちに自分と母との関係を客観視するきっかけを与える。そのことで、魔物のように、強く大きな存在として感じとられていた母親を一人の等身大の女性として見ることができるようになる。

多くの女性たちを縛っている「いい母」「いい妻」「いい娘」像は幻想であり、女性も子どもも決して幸せにはしないことを伝えていくことで、女性たちは自分自身の思い込みを検討し始める。そして自分自身を愛し、自分の人生を楽しむことの大切さを伝えていく中で、彼女たちは少しずつ解放されていく。講座やグループを経て、女性たちは、より自分らしい、自由で活き活きとした自分自身の人生を歩み始める。

各地の行政や市民グループに招かれて「母娘関係」の講座や講演を行なうことがあるが、講演終了後に、「すみません、ちょっといいですか？」と質問をしてくる女性がどの会場でもいる。そのときの彼女たちは、みんな一様に苦しそうで、思いつめた表情をしている。彼女たちの苦しみと語られる母親像は、それぞれ異なりながら、どこか共通点がある。今回、これまでに出会った娘たちのストーリーの中から典型的なものを組み合わせて、六組の母娘関係を紹介する。

それとともに、娘の側からすると謎でしかない母親についても、ストーリーとしての解説を試みた。ストーリーにすることで、少しは理解しやすい形で解説できるのではないかと考えたからである。そしてこの娘たちが選んだ解決の方法も合わせてご紹介する。関係が流動的であるように、解決のためにとる手段も流動的である。したがって、ここに紹介した手段は、ある母娘の、ある時期の解決に過ぎない。それでも、今現在、母との関係に悩む女性たちのヒントになるのではないかと考えている。

念の為に書き添えておくが、いずれのストーリーも、これまでに私が見聞きした母娘関係を下敷きにして考え出した架空の母娘である。それぞれの関係の本質は変えないように配慮しているが、細かいディテールや出来事の詳細は事実とは異なる。全て私の創作である。

最後に本書を書く機会を与えてくれたすばる舎と、そのきっかけとなったシンポジウムで発言する機会を与えてくれた日本フェミニストカウンセリング学会とに感謝したい。そしてこれまで出会った母娘関係に悩む女性たち一人ひとりにも感謝の気持ちを伝えたい。

加藤　伊都子

CONTENTS

CHAPTER 2

娘が母を疎ましく思うとき

CONTENTS

CHAPTER 3 母が娘を苦しめてしまう理由

CONTENTS

CHAPTER 4

CONTENTS

CHAPTER 5

娘が母親になったとき知っておきたいこと

CHAPTER

1

自分を傷つけずに
母親と接する方法はある！

関係を変えるのは娘の側

母娘関係と一口に言っても、さまざまなタイプの母親がいる。娘のやることなすこと全てが気になり、顔を合わせるたびにうるさく口を出す母親。自分が果たせなかった夢を娘に託す母親。外面《そとづら》はよいのに、娘にだけは辛辣な接し方をする母親。中には単に意地悪なだけではないかと思われるような母親もいる。

このような母親たちとも、自分を傷つけずに接する方法はある。そのとき**関係を変えていくのは娘の側**である。適切な距離を娘の側が設定する、あるいは関わりそのものを拒否する。いずれにせよ、**どうするかを決めていくのは娘の側**である。

娘はどのような訴えで相談室を訪れるのか

母娘関係に悩み、相談室を訪れるのは、ほとんどが娘の立場の女性である。母親の側からの相談はほとんどない。ときに、「娘が大学を途中でやめてしまう」とか「変な男と結婚すると言う。やめさせるにはどうしたらいいだろう」というような、娘の「問題行動」についての相談はある。また、「育て方が悪い」と娘に攻撃されているという相談もある。しかし、表面的には何の問題もないが、実は娘との関係が苦しいというような、母からの相談はない。

では、母との関係が苦しいという娘たちはどのような訴えを持って相談に訪れるのかというと、これもまたさまざまである。「母を大切に思い、今まで仲よくやってきたが、最近母親に対して嫌悪感がある」「母に対して腹を立ててばかりいる。以前のような優しい気持ちになりたい」「母親を憎んでいる。介護して看取る自信がないが、看ない罪悪感にも耐えられない」というように、**母親に対する否定的な気持ちを持て余しての相談**もあれば、「母親が自分を認めてくれない」「母親に子ども時代に傷つけられたのに、そのことを母が認めてくれない」「母親に否定されてばかりいる。どうやったら、期待に応えられないことを母がわかってくれるだろうか」というように**母の理解を求める相談**もある。もっと単純に「母に受けいれてほしい」「きょうだいと比較しないでほしい」「愛してほしいのに、その要求に応えてくれない」というように**母の愛を求めての相談**もある。

そのほかにも、「母親とどうつきあえばいいのかわからない」「母親が理解できない」というように、**途方にくれたような訴え**を持って相談室を訪れる女性もいる。

このように、母との関係を明確なメインテーマとして相談に訪れる女性がいる一方で、長年のうつやパニックなどの症状の解決を求めて相談に訪れる女性の中にも、症状の背景に母との葛藤がある場合がある。同様に、対人関係の問題、子育ての問題、自分自身の生き方や性格の問題などでカウンセリングルームを訪れる女性の中にも、母娘関係の問題を抱える女性がいる。母との関係のありようが今の生き難さにつながっているという女性の場合、共通に見られる傾向として、**自己尊重感の乏しさ、自信のなさ、自己主張や自己決定のできなさ、完璧主義、人間不信**などがあげられる。

母親がカウンセリングを訪れない理由

母親が相談室を訪れないのは、**母娘の両者の関係では、母の側が権力者**だからである。自分が権力者であることを多くの母親は自覚していないが、**権力者は苦しくない。苦しむのは権力を持たない側**である。

さきほど書いたように、娘に「育て方が悪い」などと責められるようになった場合は、権力の逆転が起こっているので、母親が相談室を訪れることがある。それでも多くの母親は自分に問題があるとは考えない。娘に責められてもなお、娘を変えるにはどうしたらいいかを考えている。

以前、フェミニストカウンセリング学会の全国大会で、母との関係に悩む娘たちのグループと、娘との関係に悩む母たちのグループとに分かれてそれぞれが話し合うというワークショップをしたことがある。娘たちの結論は、「とにかく母から離れよう。私たちは母の人生に責任を取るのはやめよう」だった。

一方、母グループの結論は「自分たちも自分の人生を生きなければいけない。だからそのために、少しでも早く娘を自立させなければならない」だった。このように、母は「娘を何とかする」という発想からなかなか抜けられない。

とは言え、母親も自覚としては苦しんでいる。自分が娘の苦しみの原因の一つになっていることに気づかないまま、娘を何とかしなければと考えている。ときには自分が娘の心配をするのは、全面的に正しいことだという確信を持って娘を追いつめる母親さえいる。

娘の母娘葛藤の原因は母の側にある。母の生き方の問題、母の娘への関わり方の問題であることが多い。しかし、権力者である母はそのことを自覚しない。だから、**苦しさを感じた娘の側からアクションを起こすしかない。**それは母に変容を迫ることではない。母に変容を迫ることは、母娘葛藤のさらなる深みに、二人ではまっていくことになりかねない。**娘自身が母との関係の持ちようを変えていくしかない**のである。

娘は、どのようにアクションを起こせばよいのか

娘が起こすアクションの基本は「行動を変える」にある。手始めに**無理のない範囲でいつもと違うことをしてみる**のがよい。

たとえば今まで決まってやっていたことの中に、自分が苦しいと思うことがあれば、それをやめてみる。回数を減らすのでもよい。毎日電話をかけるという暗黙の約束があったなら、時々かけない日を作るなどである。

また、いつも言うことを聞いておとなしくしていたなら、少しだけ逆らってみるのもよい。母の好みに服装を合わせていたなら少しだけ変えてみる。頼まれたら必ず引き受けていたことを断ってみるなどである。簡単なようだが、母娘葛藤の真っ只中にいる娘にとって、こうしたことが実は難しい。

娘が行動を変えたのに気づき、「娘も成長しているんだな」と、さしたる抵抗もな

しに変化を受けいれる母親もいるが、大概は何らかのリアクションがある。「この頃おかしいんじゃない？」と、それとなく探りを入れてくる母親もいれば、いきなり怒り出す母親もいる。中には、何も言わず、不機嫌な空気を醸し出して圧力をかける母親もいる。母親自身は無自覚かもしれないが、以前の関係に娘を引き戻そうとする動きである。

ここから戦いが始まる。戦いのひぶたを切ったなら簡単に元に戻ってはいけない。勝利をおさめるまで戦い続けなければならないのだが、そのとき**最も手ごわい敵となるのが娘自身が感じる罪悪感**である。

「母が嫌い」と、はっきり言葉に出して言ってみる

行動を変えることに罪悪感を感じるのはもちろんのこと、娘たちは母を嫌っていることそのものに罪悪感を感じている。母を嫌う娘は薄情者で罪深いのだろうか。

佐野洋子さんは著書『シズコさん』（新潮文庫）の中で「母を好きになれないとい

う罪悪感から解放されたことはない」と書いている。佐野さんは4歳の頃に、つなごうとした手を振り払われたときから母を嫌うようになり、以後母が寝たきりになるまで母に優しく接することができなくなる。そして母を愛せなかった罪悪感に加えて、母を施設に預けてからは、母を見捨てた罪悪感にも苦しみ続ける。

一方、中山千夏さんが自身の母娘関係を分析した『幸子さんと私』（創出版）には、「だからこのひと、嫌いなんだよ」と言ったときに、すごく解放されたとある。「嫌い」と言ったからといって、母を捨てるわけでも何でもないけれど、「そうなんだ、私はあの人が嫌いなんだ」とはっきり思ったときに、ラクになったと中山さんは述べている。

中山さんが言うとおり、「母を嫌い」と口にすることは娘に解放をもたらす。嫌いという感情は間違いでも何でもないだけではなく、さきほど書いたように、**母娘葛藤の始まりは母の娘への関わり方にある。母を嫌っているという自分の感情を認めない限り、いつまでも母の呪縛から逃れられない。**

この社会には母と娘は仲がよくて当たり前という思い込みがある。そして昔ほどではないとは言え、親孝行の規範もある。どんな親でも、「育ててもらったのだから大事にしなければならない」と言われ、どんな親でも「捨ててもよい」とは言ってもらえない。

特に女性は同性として、母の思いを受け止め、母をケアをすることを要求される。母からいつまでも離れない姉妹のような母娘を、仲のよい母娘として賞揚《しょうよう》する空気すらある。

こうした中で、「母が嫌い」と口にすることは難しい。親子関係の規範にも女性に対する規範にも背くようで、不安と恐怖がつきまとう。同時に、母を裏切るような罪悪感にもとらわれる。娘たちが「母が嫌い」と言うのは、想像以上に難しい。

それでも**自分の気持ちを正直に認めることから、母娘葛藤から逃れる一歩が始まる**ことを強調したい。自分の気持ちに正直になることを恐れることはない。

ただし、**最初は場所と相手を選んで**、である。場所と相手を間違えると「母が嫌い」と言った途端に、「そんなこと言うものじゃない」と言われかねない。さらには「お母さんは、あなたのことを本当に心配しているのよ」などと聞かされかねない。

こんなことを聞かされると罪悪感はより深まり、自尊心は低下する。母娘関係の辛さ、苦しさをわかってもらえる相手と場所を探して、それから「母が嫌い」と言ってみることをお勧めする。

ここで、母親ベッタリで育った二人の女性を紹介する。どちらも母との関係に悩み、母と距離を置いてつきあうことにした娘たちである。

事例を紹介する二人のうち一人、遼子さんは母親との関係を断ち、もう一人の秋子さんは、母との関わりを週に一度と限定している。どちらの例でも関係を変えたのは娘の側である。彼女たちが何をどのように変えていったのかに留意しながら読んでいただきたい。

大人になれない母

（娘・遼子さん、母・哲子さん）

はじめに紹介するのは、遼子さん。現在32歳。独身で大手食品メーカーに勤めている。

未開発の土地が広がる大阪南部の町で育った遼子さんが、大阪市内のマンションで一人暮らしを始めたのは、勤め始めてから五年目の春、27歳のときだった。母との連絡を断ってからさらに五年がたった現在、自分一人の生活スタイルも定まり、遼子さんは快適なシングルライフを送っている。

最近は、独断で家を出たことへの罪悪感も薄れ、突然母が来るのではないかという恐怖心も消えている。一人暮らしを始めた頃は、母のことが頭から離れなかったが、嫌悪感や恐怖心も交流がなければ少しずつ消えていくのが最近では実感できている。

母から逃れるための独立

遼子さんが家を出た最大の理由は、まるで子どものように彼女を頼ってくる母から逃れるためであった。

大学生のときすでに、このままでは母親に潰されてしまうと感じていた遼子さんは、勤め始めてから家を出るための貯金を始め、貯めたお金が三〇〇万円を越えたとき、会社から二駅離れた駅のそばに2ＬＤＫのマンションを借りた。保証人には勝手に父の名前を使った。それから一カ月かけて、必要最低限の服やアクセサリー、靴などを気づかれないように持ち出し、電化製品や寝具、家財道具を買いそろえていった。

そうしてある日、「自分用のマンションを借りましたので、今日からそこに帰ります。必要なときにはこちらから連絡します」という手紙を郵便受けに残し、家を出た。その日から遼子さんは家に帰っていない。

家を出た日、遼子さんは、母親から電話がかかってくるのではないか、あるいは母親が会社に現れるのではないかと緊張しながら一日を過ごす。そして勤務時間が終わったとき、家にこもってばかりで対外的なことを全くしない母がそんな行動をとるわけがないことに改めて気づく。そのときの遼子さんは、そんなことを思いつきもしないほど母を恐れていた。

初めて自分一人の部屋に帰ったとき、遼子さんを包んだのは「やっと一人になれた」という安堵感と、「これからは一人でやっていくのだ」という心地よい緊張感だった。「やっと一人になれた」という安堵感は、母が来るのではないかという恐れが薄まるにつれ次第に解放感となっていった。そして遼子さんは初めて自分自身の人生を生きているという実感を手にしていく。

子どもの頃は、何でも知っている母が大好きだった

遼子さんが家を出たとき、母親は62歳、父親は64歳だった。母親は専業主婦。大手機械メーカーに勤めていた父親は、現役の間は出張も多く、単身赴任の時期

もあり、ほとんど家にいなかった。遼子さんが大学卒業の年に退職し、関連会社に再就職、家を出た頃は二度目の勤め先である関連会社で働いていた。

遼子さんは母親が35歳のときの子である。母親は当時としては遅い、30歳で結婚している。結婚後五年たってやっと生まれた一人娘の遼子さんを、母親はそれこそなめるようにかわいがった。

遼子さんの母親哲子さんは、庭いじりと洋裁やパッチワーク、編み物などの手仕事が趣味で、ひがな一日、庭あるいは哲子さんの言うところの「仕事部屋」にいる。友人とのつきあいや親戚との行き来はない。どちらかというと人嫌いで、車で買い物に行く以外一人で出かけることは滅多にない。

郊外にある家の庭は広く、木々や草花が生い茂っており、仕事部屋には、ミシンやアイロン、大小の織機、布や糸など手仕事の材料があふれている。糸もつむぐし、育てたハーブや果実で糸や布を染めたりもする。それらの材料や道具が仕事部屋からあふれ出し、家はいつも物でいっぱい。片付いていたことがない。

小学生の頃の遼子さんは、うちに帰ると、まず仕事部屋か庭に行く。そうすると哲子さんは喜んで出迎えてくれて、それからはずっと遼子さんのそばを離れない。姉妹のように、一緒に本を読み、一緒にテレビを見、一緒に宿題をし、とにかく何をするのも一緒だった。

この頃の遼子さんは、何でもよく知っている哲子さんが大好きだった。

自分の母が「変わっている」という気づき

そんな遼子さんが、自分の母親が「変わっている」ことに気づき始めたのは、周囲の目を気にし始める小学五年の頃である。

まず第一に、授業参観や保護者懇談会の時間に間に合ったことがない。学校の懇談会などに出かけるときは、何を着て行ったらいいか、先生に何を話したらいいかを必ず聞いてきた。遼子さんはその時々に思ったことを答えていたのだが、このことを遼子さんは長い間、母親が自分の意見を尊重してくれていると理解していた。

自分で作ったものしか着ない哲子さんの服装も、ほかの母親たちとは変わっていた。似たような印象の服装をした母親たちの中で、「可愛い系の自然派テイスト」の哲子さんはいつも目立っていた。小学生の頃の遼子さんは、母の服装を「ほかのお母さんと違ってオバサン臭くなくて素敵」と思っていた。

中学三年になり、受験が射程に入った遼子さんは、哲子さんとしゃべりながらの勉強をやめ、自分の部屋で勉強をするようになる。遼子さんが自室に入るのとほぼ同時に哲子さんは仕事部屋に入り、自分の趣味に没頭する。遼子さんと一緒にいる以外は、庭か仕事部屋にいるというのが哲子さんの基本的な生活パターンだった。

こうして育った遼子さんは、哲子さんに何かを押しつけられた記憶はない。どのようなことでも「遼ちゃんはどうしたいの」と聞いてくれていたし、遼子さんの話すことならどんなことでも面白そうに、嬉しそうに聞いてくれた。

母を疎ましく感じ始めたきっかけ

遼子さんの高校の話も、哲子さんは興味深けに聞いてくれたのだが、その頃から以前にもまして哲子さんは何でも遼子さんに聞くようになる。音楽や服装などの今流行りのものについて、新しい言葉の意味について。さらには東京に住む祖母（哲子さんの実母）に送る中元、歳暮の品物を何にするか、東京にいる叔父（哲子さんの弟）が昇進したという知らせが届いたが、どうしたらよいだろうかということまで遼子さんに相談するようになる。

「庭にとうもろこしを植えたんだけど、何か虫がついたみたいなのよ。どうしたらいいと思う?」と聞かれたときには、遼子さんが学校の図書館で調べて、帰りに園芸用の農薬を買って帰ったりもしている。

いずれのときも、哲子さんは感謝と賞賛の言葉とともに遼子さんのアドバイスを受けいれていた。

この時期、遼子さんは母親の役に立てるようになった自分が嬉しく、自分のアドバイスを受けいれ、心から感謝する哲子さんを「素直でかわいい人だ」と感じていた。しかし、その時期は長くはなかった。哲子さんをかわいいと思った時期とほとんど同時に、うっすらとではあるが哲子さんを疎ましく感じるようになる。

中学三年になって自室で勉強をするようになるまで、遼子さんは宿題や勉強を哲子さんと一緒にしていた。子どもと一緒に勉強をし続ける哲子さんは、当然ながら勉強が嫌いな人ではない。東京都内の比較的裕福な家庭で育ち、中高一貫の女子校を卒業後、都内の名門大学に進学している。ただ大学が向いていなかったとかで卒業はせずに中退。以後、本格的に働いた経験のないまま結婚している。祖母が娘が働きに出ることを好まなかったからだと、遼子さんは哲子さんから聞いている。

高校二年の秋、進路について考えていた遼子さんは、大学で法律を学び弁護士になろうと考えた。そのことを口にしたとき、哲子さんは「遼ちゃんすごい。ママも法律の勉強しようかしら」と言った。そのとき口には出さなかったが、遼子さんは「ママのことじゃなくて、私のことなんだけどな」と思う。そう思うのと同時に、自分でも不思議なほど弁護士になりたいという気持ちが冷めていった。

そのときから喉に刺さった小骨のように、「ママも」という言葉が気になり始める。気になり始めると、哲子さんが何かにつけて「ママも」と言っていることに気づいていく。食事のときも「ママもいただこうかしら」だし、夜自室に入るときも「じゃママもお仕事」である。遼子さんが新しい服を買って帰ると、「遼ちゃんセンスいいわ。素敵ね。ママもこんなのほしいわ」と言う。

違和感を感じる前の遼子さんは、「じゃ買ってきてあげるよ」と言ったり、「いくら何でもこれはママには無理よ」などと、哲子さんとの会話を楽しんでいた。しかし、次第にこのような会話を不快に感じるようになる。

この頃から哲子さんは、ますます時間の観念がなくなっていく。遼子さんが帰ってから夕飯の支度をするというパターンは変わらなかったが、休日には遼子さんが時計代わりに「そろそろ夕飯の支度にかかったら」などと声をかけていた。

母への嫌悪感が一気に高まった出来事

高校の卒業式の日、何日も前から「遼ちゃん、ママ何を着て行ったらいい?」という哲子さんに、「あの黒いスーツがあるでしょ。あれにコサージュつけてきたらいいんじゃない」と遼子さんは適当な返事をしていた。

当日式の終了後、在校生に見送られるという形で体育館を出た遼子さんの目に入ったのは、正門の方角からバタバタと走ってくる哲子さんの姿だった。遅れるとは思っていたが、「何でこんなに?」と思っている遼子さんに、哲子さんは喜色満面の表情で「見て、見て」「お友達に記念だからお花を持ってきたのよ」「桜草をと思ったんだけど、まだ咲かなくて、でもこれ桜草に似てるでしょ。桜草の花言葉って『希望』っていうのよ」と、大きなかごいっぱいの花を見せた。哲子さんは庭に咲いているプリムラという花を、一株一株ビニールの鉢に入れて車で運んできたのである。

「そんなの迷惑だよ」「やめなよ」と言ってはみたが、「なーに? どうしたの?」

と寄ってきた友人たちに、哲子さんは「これ『希望』という花言葉なのよ。卒業記念にどうぞ」と渡している。

「いいよ、無理してもらってくれなくても」と言う遼子さんに、友人たちや最後には先生までが「お母さんがせっかく持ってきてくれたのに」と言い、「ありがとうございます」とか、「かわいいー」などと言いながら花を受け取っている。

遼子さんには、それが友人たちのサービスであることはわかっているが、哲子さんはすっかり有頂天になっている。母親を制止することを諦めた遼子さんは、有頂天になっている母親のそばで「ほら土が落ちてるよ」とか、「この子もほしいんだって」などと世話をやいていたが、このとき遼子さんが胸の中で繰り返していたのは、「無邪気ぶるのはやめてよ」という言葉だった。

「遼子のお母さんって変わってるよね」

「今日なんかさ、おっきなかご持って、まるで花売り娘って感じだったよね」

「だけど、嬉しそうで、かわいいよね」

「世話やいてる遼子のほうが背が高いし、お母さんのほうが遼子の子どもみたいな感じ」

同じ日の夜、ファミレスでのお別れ会の席上、友人たちの言葉を聞きながら、遼子さんは、「そうだ、いっつもこうやって無邪気そうに振る舞う母のそばで、私は大人みたいに世話をやいてきたんだ」と思う。

それ以来、哲子さんの「見て、見て」という言葉や、「遼ちゃん、教えて」という言葉にも嫌悪感を覚えるようになる。そして大学生になった遼子さんは、「自分でやってよ」「私も忙しいんだから」という言葉を飲み込みながら、なるべく哲子さんと話し込まないように、頼み事をされないように、という用心をし始める。

「自分が稼げるようになったら家を出る!」という決意

こうした遼子さんの変化に哲子さんは気づいているのか気づいていないのかわからないが、大きなトラブルもなく日は過ぎていった。

遼子さんのことは何でも知りたがる哲子さんは「遼ちゃん、大学ではどんな勉強するの?」などと聞いてくる。甘えた口調への嫌悪感を抑えるので精一杯の遼子さんが「ママだって大学に行ったんだから知ってるでしょ」と答えると、「だって時代が違うもの。それにママより遼ちゃんのほうがずっとできるんだし」などと言う。

この言葉に遼子さんは、心の中で「嘘つけ」と悪態をつく。哲子さんが入った大学のほうが、遼子さんの大学よりはるかにレベルが高かったのである。中退したとは言え、超難関大学に入学できた哲子さんが馬鹿なはずがない。なのになぜ時間にめちゃくちゃなのか、なぜ親戚づきあいもできないのか、なぜ常識はずれな行動をするのか。そしてなぜ、いちいち何もわからないようなふりをするのか。

それでいて、哲子さんは遼子さんの大学での勉強への並々ならぬ関心を示していた。哲子さんから大学での勉強について聞かれるたびに、遼子さんは高校二年の秋に弁護士のことを話したときと同じように、自分の意欲までもが母親に吸い取られるような気がするのだった。

「私の真似をするのはやめて」という気持ちが高じていき、遼子さんは次第に哲子さんへの苛立ちを募らせていく。ときに「別に」とか、「どっちでもいいんじゃない。ママの好きなほうで」と突き放してみるが、「だって、わからないんだもの」と困って見せる母親に、それ以上何も言うことができず、さらに苛立ちを募らせるのだった。

それと同時に、相変わらずめちゃくちゃで、何かにつけて「遼ちゃんどうしたらいい?」や「遼ちゃんすごーい」を連発する母親に、不気味なものを感じるようになる。「ママも」と言われると、母親が自分の胸や背中に赤ん坊のように抱きついてくるような錯覚を覚えるのだった。

嫌悪、苛立ち、恐怖、怒り、罪悪感などさまざま感情に翻弄される母親とのやりとりに心底疲れていた遼子さんを支えたのは、「就職して自分が稼げるようになったら家を出る」という決意だった。

哲子さんに「ママも」と言われて以来、弁護士に全く興味のなくなった遼子さんだが、一生働いていくために使える勉強をしようと考え、経済学部に進学する。そして、その頃定年退職を迎えた父親の「働くなら転勤のない会社」に、というアドバイスを受けいれて、近畿圏に拠点を置く大手食品メーカーに就職する。

そして先にも書いたとおり、就職してからは貯金に専念、三〇〇万円を貯めて一人暮らしを始めた。

EPISODE 2

娘に依存する母

（娘・秋子さん、母・みどりさん）

もう一人の女性は秋子さん。彼女も一人娘である。そして秋子さん母娘も、ベッタリとくっついた「二人で一人」のような親子だった。

秋子さんは母親に絶大な信頼を寄せながら育つ。秋子さん自身が「母が敷いたレールの上を歩いて行けば間違いはないと思っていた」と述べているが、その信頼の度合いは、母親がいるから自分はやっていけるというほど依存度の高いものだった。

秋子さんの母親みどりさんは、常に「お母さんが○○しておいたからね」という言葉を使っていた。たとえば、小中学校でクラス替えがあるたびに「お母さんが、あなたと遊んでくれるように○○ちゃんに頼んでおいたからね」と言い、担任が変わるたびに「お母さんが、ちゃんと先生にご挨拶をしておいたからね」と言う。

こうした言葉を聞かされて育った秋子さんは、自分が何とかやれているのは、母がいてくれるからだと、長い間信じていた。

「私が母を幸せにする」という決意

秋子さんの成人前に、父親が亡くなったときから、この母娘の関係が変わる。秋子さんの両親は仲のよい夫婦ではなかったが、不和の原因は、お酒が好きで金遣いの荒い父親にあると秋子さんは思っていた。また父方の親戚にもみどりさんは苦労させられていた。

父親と親戚に苦労させられたうえに40代で未亡人になってしまったみどりさんが、秋子さんはかわいそうでならなかった。葬儀をめぐってのあれこれでも、みどりさんと父方の親戚はことごとく対立をしていた。

二人きりになったとき、みどりさんは秋子さんに、父方の親戚にこんなことをされた、あんなことを言われたと、それはそれは悔しそうな口ぶりで話した。一番辛い思いをしている人に何ということをするのだと秋子さんは腹を立てる。

そのとき、秋子さんは母に「もうそんな人たちとはつきあわなくていいよ」と言いながら、これからは私が母親を守るのだと決意する。亡くなった父のぶんまで母を幸せにしてあげるのだと、20歳にもならない秋子さんは心に誓う。それから母娘二人だけの生活が始まる。

短大を卒業した秋子さんが父親の働いていた会社で働くようになったときも、みどりさんは父の友人だった人の名前をあげ、「○○さんにお願いしておいたのよ。あなたが変な会社で働くことになったらいやだから」と秋子さんに告げた。秋子さんは「働いたら母をラクにしてやるのだ」と決意を新たにする。

この時期、母と娘は二人ぼっちでこの世を渡っていくのだという悲壮感と決意を持ち、互いに互いを思いやる心地よい関係にあった。この関係は秋子さんが結婚をした後も続く。

母、子ども、夫との幸せな日々

結婚が決まったとき、秋子さんは一人ぼっちの母親を置いて結婚してよいものだろうかと悩む。そして本決まりになろうとするときに、「本当に私がお嫁に行ってもいいの?」とみどりさんに聞く。それに対して「もちろんよ。あなたがお嫁に行くということは、息子を連れて来てくれるということ。家族が増えるんだから」とみどりさんは答える。これを聞いて安心すると同時に、お母さんはそれほど私を愛してくれているのだと感じた秋子さんだが、後になって「あれは母の、娘を絶対に手放さないという宣言だった」と思うようになる。

結婚後、秋子さんはみどりさんが住む大阪市内のマンションで共働き生活を始める。家事はみどりさんがしてくれていた。秋子さんが帰る時間には夕飯の支度も洗濯もすっかりできている。夫は帰りが遅いので、秋子さんとみどりさんで先に夕飯を済ませる。夫が帰ってくると「お邪魔しました」と、みどりさんが帰る。夜、母が帰る以外、結婚前と変わらない生活が続いた。

結婚して二年後、長男が産まれる。このとき、みどりさんは秋子さんのマンションに泊まり込んで世話をしてくれた。産休終了後には、みどりさんが長男をみるために毎朝来てくれた。帰ったら夕飯ができていることも変わらなかった。

長男が産まれて一年後、二人目を考えた秋子さん夫婦は家の購入を考え始める。あれこれ検討していくつかの新興住宅地が候補にあがった。秋子さんは転居と同時に仕事をやめるつもりでいた。通勤が遠くなるし、母親の手伝いがあるとは言え、子どもが二人になったら両立は難しいと考えたからである。

そんなことをあれこれ考え、夫と相談しながら、秋子さんはみどりさんのことが気になっていた。家を探していること、購入しようと思っていること、仕事をやめようと思っていることなど、何でもみどりさんに話してはいたが、そのことをみどりさんがどう思っているかがわからなかったからだ。

物件の見学も終え、候補がしぼられてきたとき、みどりさんは自分も同じ新興住宅地に家を買うと言い始める。

まだまだ元気だから同居をすることはないが、二人目が産まれたら今よりもっと手伝いが必要になると思う。離れたところに手伝いに行くより近くにいたほうがラクだし、何より近くに住んでいれば寂しくない。先々秋子さん夫婦の世話になるかもしれないが、そのときでも近くに住んでいるほうが便利だし、心強い。

みどりさんは、そう説明した後に、「お母さんはあなたのそばにいたいのよ」と言った。

転居に関して、みどりさんがどう思っているかを気にしていた秋子さんは、みどりさんの配慮に感激する。そこまで考えてくれたのかと思うと、自分は愛されているという思いで胸がいっぱいになった。この愛を何倍にもして、みどりさんに返していこうと秋子さんは二度目の決意をする。

みどりさんの年齢ではローンを組めないので、今住んでいる家を売り、不足分は持っている株を売ればまかなえるというみどりさんの話を聞いて、「お母さんはやっぱりすごい」と、その決断に秋子さんは感嘆する。

こうして秋子さん母娘はそれぞれに新しい住まいを得て生活を始める。互いの家は歩いて二、三分、いわゆるスープの冷めない距離にあった。

みどりさんは自分の家の片付けが済むと、秋子さんの家に来て、夕方まで秋子さんの家にいた。秋子さんにとっても、子育てをしながらの引越し、片付けはもちろんのこと、毎日の家事に関しても、母親の手伝いはありがたかった。

第二子を出産したときは、以前と同じように、みどりさんに何もかもしてもらった。こんな優しい母親がいて、かわいい子どもがいて、自分と同じように母親を大事にしてくれる夫がいる……この時期の秋子さんは、本当に幸せだった。

老いの不安から体の不調を訴え始めた母

この幸せに影が差し始めるのは、秋子さんが37歳、母のみどりさん57歳のときだった。

下の子も中学生になり、時間的に少しゆとりができてきた秋子さんは、小学校のPTA活動で知り合った友人に誘われ、地域の男女共同参画の活動に関わり始める。ずっと家の中にいて、昼間はいつも母親と二人という生活を送っていた秋子さんにとっては、何もかもが新鮮だった。

ちょうどその頃、還暦を前にしたみどりさんは、老いの不安にとらわれるようになる。自分が不安になると、「アッコさん、私が動けなくなったら面倒をみてくれるのよね」などという電話を時間かまわずかけてくるようになる。

不安になるのはしかたがないと思っていた秋子さんは、「大丈夫よ。お母さんを一人にはしないから」と答えていたが、そうした不安が高じたのだろうか、みどりさんはあるとき心臓発作のような状態を起こす。特に心臓が悪いわけではなく、神経症のようなものという診断を受け、安定剤の処方を受けたが、状態は一向によくならなかった。

朝から「具合が悪いので、ちょっと覗いてくれ」という電話はもちろんのこと、深夜の二、三時に、「心臓が苦しい、息ができない」というみどりさんの電話で叩き起こされる。大急ぎで着替えて、車で母を病院に運んだのも一度や二度ではなかった。そのたびに大したこともなく、帰りにはケロッとして「ありがとう。あなたがいてくれるから本当に心強いわ」というみどりさんの言葉に、秋子さんは「やっぱり近くにいてよかった」という思いと、「もうこれっきりにしてね」という二つの気持ちを抱える。

「お母さんが電話をかけられなくなったら、夜はうちに来てちょうだいね」と言われたときは、「大丈夫よ」と答えたものの、何とも言えない気分になり、そのまま一言も言葉を交わさずに、みどりさんを家まで送り届けている。

■自分に依存する母を救おうとする娘の試み

高まる母の不安

みどりさんの不安は、「老後の面倒をみてくれるのだろうか」「心臓が悪いのではないだろうか」から、元々大嫌いだった〝雷の恐怖〟へと広がっていった。

雨模様の日など、朝から雷が鳴るのではないかとおびえ、秋子さんの家に来る。「アッコさん、雷が鳴ったらどうしよう。きっと心臓が止まってしまうわ」

とおびえる母を置いて出るのもかわいそうな気がして、秋子さんは出かけるのを断念する。そうやっているうちに、みどりさんの恐怖は増大していった。

ある秋の日、その日は参加している活動グループの一大イベントの日だった。一年も前から準備をしてきたイベントで、秋子さんは受付の責任者になっていた。休むわけにいかないと考えた秋子さんは、何日も前から、その日がいかに大切な日かをみどりさんに伝えていた。

グループの代表をしている友人、篠田さんは家も近く、母もよく知っている人だった。篠田さんには迷惑をかけられないと言えば、さすがの母も我慢をしてくれるのではないかと考えた秋子さんは、彼女にとってその活動がとても大切であること、自分も心から応援したいと考えていることなどを二カ月も前からみどりさんに説明していた。そのたびにみどりさんは「この頃の若い人はすごいわね。お母さんの頃はそういうのは婦人会くらいだったわ。私は嫌いだったけどね」と言うのだった。

活動そのものを否定されているような気もしないではないが、これだけ丁寧に説明したら、あれほど私を大事に思ってくれていた母なのだから、大丈夫だろうと秋子さんは考えていた。

ところが、イベント当日、いつもより一時間も早くみどりさんが秋子さんの家を訪れたのである。「今日は私、出かけるわよ」と言うと、「いいよ、留守番をしている」と言う。「それなら上がって」と言う秋子さんの顔も見ずに、みどりさんはリビングに上がりこみ、テレビをつけ朝のドラマを見ている。

すっかり支度のできた秋子さんが「じゃあ、お母さん出かけてくるね」と声をかけると、みどりさんは秋子さんのほうを振り向きもせず、「篠田さんは、あんたを悪い道に引き込もうとしている」と言う。

何を言われたのかわからなかった秋子さんが、しばらくしてから「何を言うの？　篠田さんは地域のために熱心にやってくれてるんじゃない。そんなこと言うものじゃないわ」と言うと、みどりさんは「篠田さんに騙されて、あんたはすっかり変わってしまった。いい子だったのに遊び人になってしまった」と言うのである。

びっくりした秋子さんだったが、返す言葉もなく、「じゃ、お留守番お願いね」と言い残し、その日の会場に向かった。

エスカレートする母の異常な行動

それからが地獄の日々の始まりだった。その日家に帰った秋子さんが見たのは、広告の裏に書かれた「寂しくて生きていく自信がありません。お父さんのところに行きます。母」という文章だった。

それを見たとき、秋子さんは心臓が止まるほど驚いた。そして襲ってきたのは、激しい罪悪感と後悔だった。

どうして母に留守番なんかさせたんだろう。篠田さんの悪口は、寂しいという母の心のサインだったのに、それを無視してしまった。死んだほうがましだというところまで母を追いつめてしまった。

悪い想像が頭をかけめぐり、秋子さんは気が狂いそうだった。何をどうしたらいいのかわからなかったが、とりあえず、みどりさんの家に行こうと思い立ち、広告を握りしめて、秋子さんは家を飛び出す。

みどりさんの家の中に入った秋子さんが見たものは、リビングのソファに横になっている母親みどりさんだった。

一瞬不吉な思いが胸をかすめたが、物音でみどりさんは目を開ける。秋子さんの姿を見たみどりさんは、「あー、アッコさん」と言い、秋子さんが握りしめている広告に気づくと、「ごめんね。本当に寂しかったの。それで、うちに帰ってきたら具合が悪くなって……」。

秋子さんは、みどりさんに最後まで言わせずに泣き崩れていた。このとき秋子さんは「ごめんね、ごめんね」と謝っていた。みどりさんは泣き崩れている秋子さんを抱きかかえながら「いいのよ、いいのよ、あなたも忙しいんだから。心配かけてごめんね」と娘の頭をなで続けていた。

実際に自殺をしたわけではないが、この出来事は秋子さんをおびえさせるには十分だった。みどりさんにとっては、秋子さんを脅す効果が十分にある方法を手に入れたことになる。みどりさんはそれからしばしば「死ぬ」という言葉を口にするようになる。

朝、家族の朝食の支度をしていると、「雨が降りそうなんだけど、大丈夫かしら」と電話がかかってくる。「天気予報では降らないって言ってたから大丈夫よ」となるべく明るく、母の気持ちも上向くようにと意識しながら秋子さんは答える。「そう。じゃ大丈夫ね」と言って母が電話を切る。

ところが、それから一時間後、家族全員が出払った後の家で掃除をしている秋子さんの目の前に、みどりさんがヌッと現れる。「やっぱり不安だから来たわ。何にもいらないからいさせて」と言う。「いいわよ」と言って家事を続けていると、突然「お父さんも友達もみんなあの世に行ってしまった。どうして私一人が残らなければならなかったのかしら。お父さんと一緒に死んどけばよかった」などと言い出す。

「何言ってるの。お母さんまでいなくなったら、私が一人ぼっちになるじゃない」と答える秋子さんの頭には、夫のことも子どものこともない。ただただ母親のことしかなかった。

「母のため」だけの日々

何とか母に明るい気持ちを取り戻してもらいたい。心臓発作のような状態も、寂しさのせいかもしれない。何か習い事でもしたらどうだろう、映画でも見たら気がまぎれるだろうか……。あれこれ考えて、秋子さんはみどりさんに提案をするが、どの提案も受けいれられることはなかった。

秋子さんの家に来ない日は二十〜三十分置きに電話をかけてくる。昼下がりに、あるいは深夜に、「苦しい、死んでしまう、救急車を呼んで」という電話がかかる。雨降りや曇空になると雷におびえて、どんな時間であろうと秋子さんの家にやって来る。雨が降りだして自分が来るのが億劫だと、「車で迎えに来てくれ」と電話をかけてくる。

これらのどれか一つでも断ろうものなら、半狂乱になって「死んでやる」と騒ぐ。どこまで本気かわからないが、何度も住宅地の裏の崖の柵を飛び越えようとしている。秋子さんの家にいるときに騒いで包丁を持ち出したこともある。秋子さんはもうヘトヘトだった。

天気がいいと、みどりさんは家には来ない。そういうときを狙って秋子さんは悩みを聞いてくれるあらゆるところに相談電話をかけたり、保健所に相談に行った。相談の初めの言葉はいつも「母が寂しさのせいか、精神的におかしくなってしまったんですけど」だった。このときの秋子さんは、母をラクにしてあげるにはどうしたらよいか、母の寂しさを何とかしてやるにはどうしたらよいかばかりを考えていた。

こうした生活の中で、秋子さんはいくつかの言葉を拾い集めていく。最初は子どもが言った「おばあちゃんはうちに来たら病気になるね」という言葉だった。娘のこの言葉を聞いたとき、「しかたがないじゃない、具合が悪くなったら来るんだから」と答えたものの、かすかなひっかかりが秋子さんの中に残る。

次に秋子さんの心に残ったのは、相談した保健所の保健師さんが言った「お母さんが寂しいのはあなたの責任ではありません」という言葉だった。「そうか」と思いはしたものの、だからと言ってどうしたらよいのかわからなかった。

保健師さんは、地域のデイサービスや高齢者向けのサークルのパンフレットを渡しながら「あなたが動けば動くほど、お母さんはあなたに依存していきます。これを渡して、後はほっとけばいいと思いますよ」と言った。

その言葉は、その頃の秋子さんには冷たく響いた。こんなパンフレットを渡したら、きっと母は「私が邪魔なんだ。死んでしまえばよかった」と言うに決まっている。みどりさんをほっておくことなど、秋子さんには想像もできなかった。

初めて感じた母への怒り

この頃からみどりさんの電話はますますエスカレートしていった。携帯電話のない時代である。家にいれば電話に出る秋子さんだが、出られないこともある。最初にみどりさんが心臓発作のような状態になったときからしばらくの間、秋子さんは地域の活動を休んでいたが、少しずつ活動を開始するようになった。

自分がどこに行ったかわからないと、みどりさんが不安がるので、必ずどこに行って何時頃に帰るかを伝えて出かけるようにしていた。みどりさんからの電話がかかってこないところに身を置くのは、秋子さんにとって母親から唯一解放される時間だった。

そうこうしているある日、いつもどおり市民センターで学習会に参加していた秋子さんのところに、センターの職員がやってきて、「お母さんから具合が悪いと電話がかかってます」と言う。

秋子さんは、さすがにこのときばかりは「本当に具合が悪くなったのかもしれない」と思い、事務室で電話をとる。そこから聞こえてきた母親の声はいつもと同じ「アッコさん、山のほうに雲が出てるのよ。いつ頃帰ってくるの?」というものだった。

このとき初めて秋子さんは、母親に対して猛烈な怒りを感じる。事務室という人目のあるところだったので、かろうじて自分を抑えて、「もうすぐ帰るから待っててね」と言って電話を切った。

それからというもの、みどりさんは秋子さんが行く先々に電話をかけてくるようになる。地域の市民センターでは男女共同参画グループの一員として活動しているために、職員が秋子さんの顔を知っている。「いいですよ。お年寄りは心配なんでしょうから」と職員は言ってくれるが、秋子さんは次第に市民センターに行きにくくなる。そのため、母親が知っている地域の施設を避け、母親が知らない会場で行われる学習会を選んで参加するようになる。

出かけるときに「今日はドーン（会場名）に行ってくるので、帰るのは一時半頃になる」というように会場名だけを言って出かけるようにした。たまに「アッコさん、それどこなの?」と、みどりさんが聞くことがあるが、「大阪」とだけ答えて詳細は言わない。

不親切な応答をしている自分にかすかな罪悪感を感じるが、その頃の秋子さんは、電話から聞こえてくる母親の声に嫌悪感を覚えるようになり、母親に対する意地悪な気持ちを抑えられなくなっていた。

にもかかわらず、彼女が出かける先はテーマが老人介護の学習会ばかりだった。どうやったら母親が自立してくれるのか、どうやったら私に頼らずに自分の人生を楽しんでくれるのか、どうやったら母親が精神の病から立ち直ってくれるのかが、秋子さんが知りたいことだったからである。

しかしどの講座も、認知症など老人性の精神疾患についての話であったり、高齢者の孤独や経済的な苦しさについての説明、さもなければ家族で抱え込まずにデイサービスなどの公共サービスを上手に利用するようにという提案にとどまり、それ以上のものはなかった。

■「私は私、母は母」という考え方ができるようになるまで

「母娘関係」グループへの参加と、メンバーのサポート

その秋子さんが初めて自分のために出かけた講座が、フェミニストカウンセリ

ング堺主催の「幻想くずし~母娘関係を考える」だった。講座は家族社会学者とフェミニストカウンセラー、そして母との関係に悩む当事者の三者によるシンポジウム形式で進められた。

最初に秋子さんが驚いたのは、会場を埋める人の多さだった。あらゆる年代の女性で会場は満員だった。そして秋子さんが日々感じている苦しさについて講師陣が話している。悩んでいたのは自分だけではなかった。この思いが秋子さんに力を与える。

受講後秋子さんは、会場で案内のあった日本フェミニストカウンセリング研究会の自主グループ「母娘関係」グループに参加する。参加日初日、秋子さんは堰《せき》を切ったように自分の状況を話した。その中で秋子さんが口にした「病気の母の悪口を言っていいのだろうか」という言葉に、メンバーの一人が「私の母は障碍《しょうがい》者《しゃ》です。でもこうやって話しています」という言葉を返す。この言葉もまた秋子さんの心に残る。

こうして秋子さんは自分の心に残る言葉を集めていく。その中で、後に彼女のスローガンにもなっていく言葉が「私は私、母は母」である。もとは誰が言った言葉なのかはわからない。もしかしたらグループでの話し合いの中で彼女自身が言い出した言葉なのかもしれないが、彼女はグループで話すときには、自分に言い聞かせるように、「『私は私、母は母』と考えるようにしている」と繰り返し繰り返し話していく。この頃の秋子さんを支えていたのは、グループで話すことであり、グループのメンバーによるサポートだった。

娘を縛る二つのもの

グループでの話し合いを経験していく中で、自分が関われば関わるほど母親が依存してくること、母親に関わることで母親を自立させることなどできないことを秋子さんは自覚していく。

しかしそうは言っても、追いすがる母親を振り捨てて出かけてくることは、なかなか困難だった。安心して話せる場所を手に入れた秋子さんだったが、依然母親との格闘は続いていた。

秋子さんを縛っていたものに、周囲の人の存在がある。

まずは「夫」である。怒りにかられた秋子さんが「お母さんはおかしいわ」と言うと、夫は「そんな言わんと、相手したったらええやないか。ひとりぼっちで寂しいんやから」と言う。秋子さんの苦しさを夫に理解してもらうことはできなかった。

そしてもう一つは「近所の目」である。みどりさんは近所では「上品なお母さん」で通っており、秋子さん母娘は「仲のよい親子」で通っていた。それもあり、家の庭で「私が死ねばいいと思ってるのでしょ」と狂ったように泣き喚く母を放置しておくことはできなかった。

言い合いになって、みどりさんが家を飛び出したときも、不安と心配で押し潰されそうになりながら、「追うものか」と秋子さんが家から動かずにいると、「お母さんがそこでウロウロしてらしたので」と近所の人に連れられて来る。

近所の人たちは、自分をとんでもない親不孝娘だと思っているに違いない。その頃の秋子さんはそう思っていた。「騒ぎになったら」という思いが、母を突き放すことをセーブさせていた。

罪悪感との戦い

そんなことが続いたある日、病院からの帰り道で、「どこか悪いに違いないのに、先生が丁寧に診てくれない」というみどりさんと、「どっこも悪くないわよ」と言う秋子さんは言い争いになる。次第に興奮してきたみどりさんは、例によって「死ぬ、死んでやる」と言い出す。

いつもなら、「そんなこと言わないで」となだめていた秋子さんだったが、このときの秋子さんは心底疲れており、母親への怒りと嫌悪もピークに達していた。自分を抑え切れずに「『死ぬ死ぬ』言う人間に死ぬ人はいないわよ」と憎まれ口を言った途端、母親の顔色が変わった。そして胸を押さえてうずくまり、「苦しい！　死んでしまう！」が始まったのである。

感情のコントロールができなくなった秋子さんは、人目も気にせず大声で「そんなに死にたいなら死ねばいい！」と言い捨てて、みどりさんを置いて振り向きもせずに歩き始めた。わざとらしいうめき声が聞こえていたが、怒りと嫌悪の塊になっていた秋子さんは気にもならなかった。

そのうちにうめき声が聞こえなくなる。心配になった秋子さんが振り向くと、みどりさんが立ち上がって着物のチリをパッパッと払っている。そして自分の家に向かってスタスタ歩き始め、そのまま帰って行ったのである。そのとき秋子さんは「呆れて声も出ないというのはこういうことか」と思った。

家に帰った秋子さんは、子どもが以前に言った「おばあちゃんはうちに来ると病気になるね」という言葉の意味を改めて考える。私がいると母は病気になるのだ。そう思った秋子さんは、今後は母の言いなりになって、買い物や病院につきあうのはやめようと思う。

まず、「死にそうだから、今すぐ来てちょうだい」という電話には、「行けないから、お母さんが自分で救急車を呼んでちょうだい」と言うことにした。初めて秋子さんがそう言ったとき、みどりさんは「救急車を呼ぶほどじゃないわよ」と言って電話を切った。

その直後に秋子さんは、「今すぐ駆けつけたほうがよっぽどラクだ」と思うほどの強い不安と罪悪感に襲われる。今すぐ母のところに駆けつけたい、電話をかけて「お母さん大丈夫？」と聞きたい。その衝動を抑え、不安と罪悪感と一人で戦い続けた。

体の不調を訴えても駆けつけようとしない秋子さんに対して、あの手、この手で緊急コールを送り続けていたみどりさんだったが、次第に諦めたのか緊急コールは減っていく。

しかし、買い物やその他の頼み事は変わらず、これらを断るのは思いのほか難しかった。意識して三回に一回は断るようにしていたが、秋子さんが最も手こずったのは、あれこれ言ってくる母親ではなく自分自身の罪悪感だった。

「小さいラップがなくなりそうなの。あなたのうちに新しいのがあったらちょうだい。今度買って返すから」などという頼みを、「新しいのはないのよ。大きいので間に合わせて」などと言いながら、「何のためにこんな嘘までついて、母に意地悪をしているのだろう。ラップくらい、いくらでもあげれるのに。何をやってるんだろう」と、自己嫌悪と罪悪感とにとらわれていく。

この時期の秋子さんは、毎日毎日、引き裂かれそうな思いで暮らしていた。そしてその秋子さんを支えたのは、グループの仲間たちであった。

娘が母との間に作った、つきあい方のルール

そうした暮らしをしながら秋子さんはぼんやりとだが、働くことを考え始めていた。仕事があれば、家にいて、いつ母が来るかおびえていなくてもいい。母の頼み事も堂々と断れる。

そんな思いがだんだん膨らんできた秋子さんは、ある日、隣町の大型ショッピングセンターの店員募集のチラシを見て応募する。書類審査に通り、面接の通知が来た。面接に通ったら、その翌週から働き始めなければいけない。

秋子さんはみどりさんに、「採用試験に通るかもしれないので、そうなったら毎週四〜五日は留守になる。今までのようなわけにはいかなくなる」と伝える。みどりさんは「そうなの?」と言い、「どこを受けたの?」と聞く。そのショッピングセンターは、秋子さんが住む地域では高級なイメージで通っていた。たぶん母の気にいるだろうという秋子さんの予想どおり、みどりさんは「通るといいわね」と言った。

母娘の願いどおり採用となった秋子さんは、週四日働き始める。そして毎週月曜日を秋子さんは「母につきあう日」と定める。この日は朝から病院につきあい、一緒に食事をして、必要なら買い物につきあって帰ると決めた。

ただし、どんなに遅くなっても三時半までには帰る。それをルールとし、秋子さんはみどりさんに提案する。みどりさんは「お仕事で大変なのに悪いわね」とそれ以上の要求はしなかった。

以後毎週月曜日を、みどりさんは心待ちにして暮らすようになる。秋子さんは母と関わるのはこの日だけ、というのを厳重に自分に課しながら暮らす。それ以外の日に、頼み事の電話があると、「わかったわ、じゃ、それは忘れないように、来週の月曜日にね」と答える。ルールを守ることは罪悪感との戦いでもあった。そうしてみて次第に秋子さん自身にとって適切な距離とペースがわかり始める。それ以上、母といる時間が増えると、秋子さん自身がイライラし始めるのである。

こうした暮らしを始めて二年ほど経った頃、秋子さんは、月曜日以外は母のことを忘れて暮らすことができるようになる。あれから十年以上経つ今も、秋子さんは「私は私、母は母」というスローガンをつぶやきながら、「月曜日午前八時半から午後三時半まで」という制限を遵守している。何よりも気をつけなければならないのは、「ついしてあげてしまいそうになる自分自身」である。

現在、みどりさんは、高齢による衰え以外、これといった健康上の問題もなく、あれほどいやがったデイケアに通っている。もしみどりさんが寝ついたとしても、公的サービスと織り交ぜながら、平静な気持ちで介護ができるような気が、今の秋子さんはしている。

CHAPTER

2

娘が母を疎ましく思うとき

葛藤を感じるのは「相手に変わってほしい」と思うとき

CHAPTER1で紹介した二人の女性に共通するのは、最初は二人とも母親ベッタリだったということである。しかもそれは、子どもの側からだけではない、母娘双方からのベッタリである。まさに二人で一人のような一卵性の母娘である。

そして母親に対する気持ちが、二人とも時間の経過とともに変化していく。この気持ちの変化を次ページ図のように表すことができる。

母と娘の関係を表す四つの象限

横の軸が娘から見た母の強さである。左側によるほど母は強いと娘が考えていることを示している。強いとは心理的、能力的、あるいは立場上など、どのような面から

娘が母に対して抱く気持ち

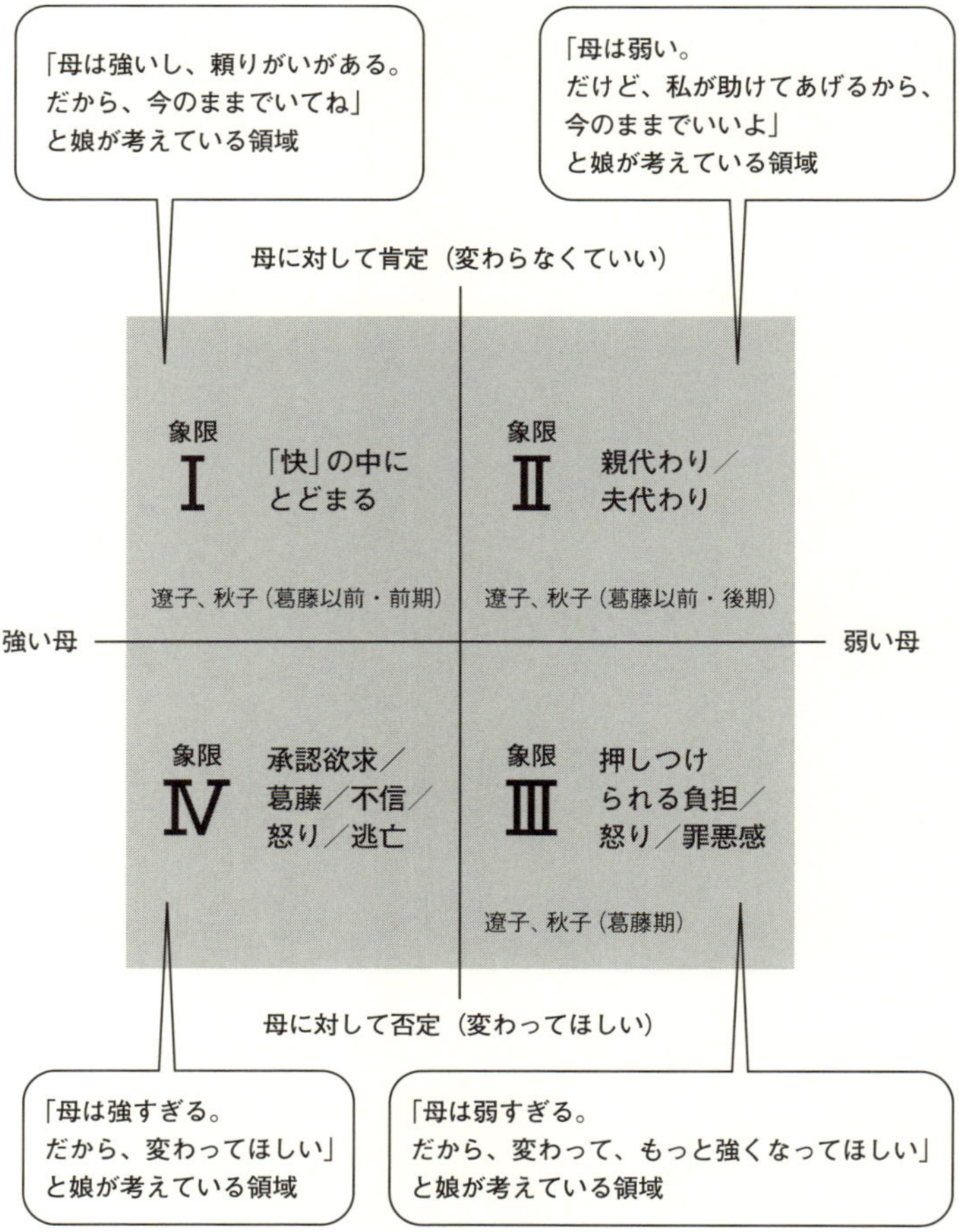
「母は強いし、頼りがいがある。
だから、今のままでいてね」
と娘が考えている領域
「母は弱い。
だけど、私が助けてあげるから、
今のままでいいよ」
と娘が考えている領域
母に対して肯定（変わらなくていい）
象限 I 「快」の中にとどまる
遼子、秋子（葛藤以前・前期）
象限 II 親代わり／夫代わり
遼子、秋子（葛藤以前・後期）
強い母
弱い母
象限 IV 承認欲求／葛藤／不信／怒り／逃亡
象限 III 押しつけられる負担／怒り／罪悪感
遼子、秋子（葛藤期）
母に対して否定（変わってほしい）
「母は強すぎる。
だから、変わってほしい」
と娘が考えている領域
「母は弱すぎる。
だから、変わって、もっと強くなってほしい」
と娘が考えている領域

でもかまわない。反対に右側によるほど母は弱いと娘が考えていることになる。

この強い、弱いは、母親の本当の強さ、弱さとは関係がない。たとえば、EPISODE1で紹介した哲子さんが対外的なことが苦手だったのは、遼子さんが子どもの頃から変わっていないが、母と娘二人だけの空間にいるときには、それは問題にならない。小学生の遼子さんにとって母親は、草花の名前を何でも知っていて、洋服も縫える、セーターも編める、果実でジャムも作れる、勉強も教えてくれる何でもできるすごい人だったのである。その母が世の中のあれこれについて遼子さんを頼るようになったとき、遼子さんは母を「かわいくて素直な人」と感じている。親が子どもに感じるような感じ方である。

いずれの感じ方も肯定的ではあるが、母親への評価は変わっている。**重要なのは、事実ではなく、この〝評価〟**である。遼子さんの母への思いは、「自分を大事にしてくれている」「尊重してくれている」という感覚から、今度は「自分が助けてあげる」ような感覚へと変わっている。母は強いとする左側の象限Ⅰに位置していたポイントは、母は弱いとする右側の象限Ⅱへと移動する。

一方、縦の軸は娘の母親に対するもう一つの評価、あるいは願いといったほうがよいのかもしれないが、「母が変わらなくていい」か「母に変わってほしい」かである。縦軸の上は「母親は変わらなくていい。今のままでいいと考えている」領域。そして下は「母親に変わってほしい」と考えている領域、つまり「今のままではいやだ」あるいは「今のままでは困る。何とかしてほしい」と考えている領域である。

遼子さんの例は象限Ⅰの肯定で始まる。「お母さん大好き。素敵」から、象限Ⅱの「お母さんかわいい。必要なことがあれば私がしてあげるよ」に変わる。まさに親代わりである。そして「無邪気ぶるのはやめてよ」「自分でやってよ」「私のマネをしないで」「自分で考えて」の象限Ⅲへ変わっていく。これらの言葉は、遼子さんの「私の子どもでいるのはやめて」という心の叫びである。

遼子さんの場合、母親に大きな変化はない。遼子さんの成長に従って話題になる内容は変わってくるものの、遼子さんをほめるのも何かにつけて頼るのも変わらない。**母親に対する気持ちの変化は、遼子さんの変化、つまり遼子さんの成長によりもたらされている。娘との関わり方は娘の成長にともなって変化させる必要がある**ことを示唆している例と言える。

ＥＰＩＳＯＤＥ２の秋子さんの例も最初は象限Ⅰから始まる。そして「お母さんは頼りがいがあって素敵。今のままでよい」から、象限Ⅱに移る。このときの秋子さんは亡くなった父の代わり、つまり母親の夫代わりをつとめようとしている。秋子さんの母への思いは「お母さん一人ぼっちになってかわいそう。寂しいし、心細いでしょう。だけど変わらなくていいよ。なぜなら私が守るから」である。

その後「お母さん、もっとしっかりしてよ。私にばかり頼らないで。自分のことは自分でして」と秋子さんの気持ちは変わっていき、象限Ⅲに移っていく。

これらの変化は、母親の境遇や、母親の心身の不調という変化によってもたらされている。**母親の状態が秋子さんの気持ちの変化に影響を与えた**と言える。

この二人がもっとも苦しかったのは母に対する評価、気持ちが象限Ⅲにあったときである。つまり**母に変わってほしいと思うとき娘は苦しむ**。

しかし、母は娘の希望どおりに変わってはくれない。そこで娘は、今度は変わってくれないことにも苦しまなければならなくなる。苦しいから変わってくれと願い、願いが通じないことに苦しむ。願えば願うほど落胆は大きく、それはときに怒りになる。そして怒りにとらわれている自分自身を恥じ、責め、さらに苦しむことになる。

変わらない母に苦しめられる娘は、変わってくれと願うことで、さらに苦しむ。

強く大きな存在の母親に、娘が否定的な感情を抱くとき

同じように母に「変わってくれ」と願っている象限として象限Ⅳがある。象限Ⅲと Ⅳの違いは、母が「弱い」か「強い」かである。

最初のうち母娘は、象限Ⅰで仲よく暮らしている。しかし、理由はさまざまだが、何かをきっかけに娘は母親に対して否定的な感情を持つようになり、下側の象限へと移っていく。母親が弱い場合は、先に紹介した遼子さんや秋子さんのように、象限Ⅱを経て象限Ⅲへと移る。

それに対して、母親が強い場合は、象限Ⅰから象限Ⅳへと移る。たとえば、わが道を邁進して娘のことになんか振り向いてもくれない母親、あるいは仕事も家庭も上手

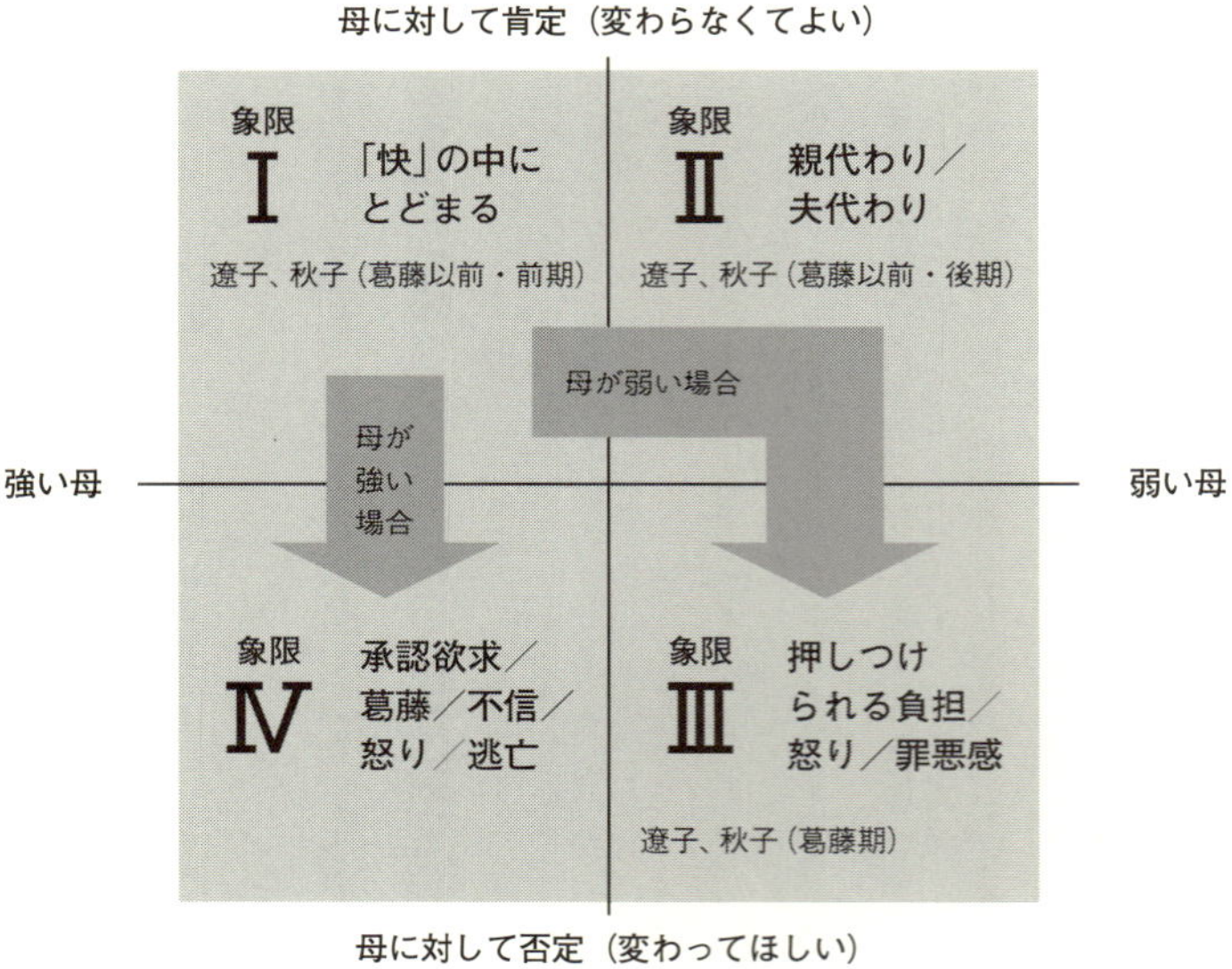

に両立させるスーパーウーマンで娘にもそれを要求する母親のタイプなどが当てはまる。

ここで、強い母親のもとで育った四人の女性を紹介する。一人目に紹介する美智子さんが、有能で働き者の母に対して否定的な感情を抱くようになったのは、祖母が倒れてからだった。母に対する気持ちの変化を四つの象限で考えると、象限Ⅰから Ⅳに移動したことになる。

EPISODE 3

母親らしい情緒が感じられない母

（娘・美智子さん、母・佐代子さん）

いつも喧騒の中にあった子どもの頃の記憶

美智子さんは、老舗の割烹料理屋の娘として育った。正面は店の表玄関、その左手にある勝手口が美智子さん家族が使う出入り口である。そのほかにも裏手には厨房や倉庫への入り口があり、表玄関の右手には従業員出入り口がある。街の一角を占める店舗とそれに続く住宅が美智子さんの家だった。

四代目店主である美智子さんの父親は和食の料理人、隣町の呉服屋から嫁いできたのが、美智子さんの母親、佐代子さんである。

美智子さんの子どもの頃の記憶はいつも喧噪の中にある。家族は両親と、父親の両親である祖父母、店の従業員と、美智子さんと兄と姉の子どもたち三人を含めた大所帯だった。そのほかにも、料理人、仲居といった店の従業員、〝ねえや〟

や〝おばちゃん〟と呼んでいた家事専従の従業員等、店と家の区別も家族と従業員の区別もあいまいな大家族だった。

美智子さんが高校生になる頃にはいなくなったが、住み込みで働くお姉さんやお兄さんも何人かいた。子ども以外の家族はみんな働いていた。戦場になるのは夕方から。そのため、幼稚園児だった美智子さんの送り迎えは、ねえやか、おばちゃん。小学生になって自分で通学するようになっても、美智子さんが帰る時間には誰も家にはいなかった。

小学校低学年頃の日課

勝手口から続く長い廊下を抜けた厨房に行くと、祖父と父が必ずいた。美智子さんを見ると、祖父は「おお！　チビちゃん帰ったか！」と言う。父は「お店に行ったらあかんで」と言う。「行かないよ」と言いながら、美智子さんは厨房の前を通り抜けて店に行く。そこには母の佐代子さんと祖母がいる。何をしているのかわからないが、二人ともいつも忙しげに立ち働いていた。美智子さんの姿を見ると、祖母は「お帰り。おやつもろたか?」と寄ってくるが、佐代子さんは「お店に来ちゃダメと言ってるでしょ」と、取りつく島もない。祖母に連れられて厨房に戻って、お菓子や果物をおやつにもらって、ねえやと一緒に長い廊下を渡って家に帰る。これが小学校低学年頃の美智子さんの日課だった。

ねえやと本を読んだりテレビを見ていると、佐代子さんがバタバタと帰ってきて、着物を着換え、化粧を直して、またバタバタと出ていく。その間に美智子さんは学校からの知らせを見せたり、持ち帰ったテスト用紙を見せる。佐代子さんは帯をしめながら、あるいはおしろいをはたきながら、それらに目を通す。学校からの知らせが何かを持って来いというものだったり、親の印鑑が必要なものだと、「おばちゃんに頼みなさい」と言う。テスト用紙は見ても何も言わない。そうしてまたバタバタと出ていく。

美智子さんたち子どもは、ねえやとおばちゃんと一緒に厨房から運んできたまかないをおかずに夕食を済ませる。その後宿題をしたり、テレビを見たり、お風呂に入って寝るのだが、お風呂に入るのも、寝るのもねえやと一緒だった。

ねえやは、元気で優しい明るい人だった。美智子さんが中学生のときに結婚してお店をやめる。やめる前に、ねえやが夫になる人と挨拶に来たときのことを美智子さんはよく覚えている。よく知っている普段着のねえやではなく、えんじ色のスーツをぎこちなく着て、これまた背広をぎこちなく着た青年と二人で座敷に座っていた。座敷を覗いた美智子さんに、ねえやは「みいちゃん、元気でね」と言って涙ぐんだ。何と答えたらいいのかわからなかった美智子さんは黙ってうなずく。

後年、そのときのことを思い出しては、あのねえやは本当に自分をかわいがってくれていたとしみじみ思うようになる。

好きだった廊下の向こう側にいる母

美智子さんには子ども時代に佐代子さんといた記憶はない。幼稚園のときだったと思うが、熱を出してフラフラになっている美智子さんを抱いて、病院に連れて行ってくれた記憶があるが、そのときの佐代子さんはおそろしく不機嫌だった。美智子さんを車に乗せて家に戻ると、ねえやを呼んで、「着替えさせて、寝させといて」と言って、バタバタと店に出て行った。

廊下のこちら側にいるときの佐代子さんはいつもバタバタと、ときには化粧っ気もなしで小走りに走り回っていた。しかし、廊下の向こう側に行くと走ったりしない。ゆっくりと上品になり、身のこなしも言葉使いも美しくなる。愛想がよくなるからだろうか、表情も顔色も一挙に美しくなる。美智子さんは廊下のこっち側の佐代子さんはあまり好きではなかったが、廊下の向こう側の佐代子さんはきれいで優雅でとても好きだった。

家の変化、家族の変化

そのうちに祖母が倒れ、佐代子さんが店の一切を取り仕切るようになる。商才があったのだろうか、佐代子さんが店の切り盛りを任されるようになってから、駅前のビルに支店を出し、郊外に新しくできた大型ショッピングセンターの中にも支店を出し、と店はどんどん大きくなっていった。

美智子さんが中学生の頃は、ちょうど店舗拡大している時期で、佐代子さんはめまぐるしいほど忙しい毎日を送っていた。

家の奥には脳卒中で体が不自由になった祖母が寝起きをしていた。その世話は昔から家にいるおばちゃんがしていた。おばちゃんだけでは手が足りないのか、ねえやがやめた後は、もう一人、通いのお手伝いさんが来ていた。

この頃、子どもたちはすっかり大きくなり、おばちゃんにお世話してもらわなくても、自分で厨房に行き、その日のまかないをもらってくるようになる。姉は大学生、兄は高校生だった。

学校から帰ってきた美智子さんが祖母の部屋に行くと、祖母は不自由な口で「お帰り、おやつもろたか?」と昔どおりのことを言う。だけど美智子さんの手を引いて厨房に行くことはできない。そう思うと美智子さんは胸がふさがれそうになるのだが、長い間一緒に働いていた佐代子さんからはそうした思いを感じ取ることはできなかった。

佐代子さんが祖母に声をかけるのは、朝、「お母さん、おはようございます」と言うのと、夕方店に出るときに「お母さん行ってきます」という二回だけ。佐代子さんが帰ってくる時間には、祖母はもう寝ている。声はかけるが、世話は一切しない。お風呂に入れるのも、病院に行くのも、全部おばちゃんが世話をしていた。

母に否定的な感情を持ったきっかけ

美智子さんが佐代子さんに感じていたのは「どうしてお母さんは、もう少しおばあちゃんに優しくしてあげないのだろう」ということだった。

一日椅子に座っている祖母のそばで本を読んだり、ゴロゴロしたりしながら、そうした思いが高じていった美智子さんは、あるとき店を終え、着物の手入れをしている佐代子さんに「おばあちゃん、寂しくないかな」と言ってみた。

佐代子さんは「もうすぐおじいちゃんもやめるから、すぐに一人じゃなくなるし」と言った。はぐらかされたような気持ちと、冷たいものを感じた美智子さんが「でも……」と言いかけたとき、珍しく母が美智子さんの顔に視線を向け、「かわいそうや思うんやったら、あんたがかわいそうやないようにしたげたらええ」と言った。

落ち着いた静かな声音でいながら、それ以上余計なことは言うなという響きがあり、美智子さんは口をつぐんだ。美智子さんが中学二年のときの出来事である。

この頃から美智子さんは母親に対して否定的な感情を持ち始める。事業家、有能だけど冷たい人、客と家族とに向ける顔が違う人、嫁向きでも妻向きでも母向きでもない人。次第にそうした母親評を持つようになる。

その後、祖父が引退。体が不自由になった祖母を車いすに乗せ、祖父母は一緒に散歩に行くようになる。

あるとき、父が祖父に「お父さんもお母さんも、この辺の人は顔を知っている。あまり店の周りをうろうろしないでくれ」と言う。言わせたのが佐代子さんであることを美智子さんは知っていた。

父が祖父母にそう言ってほどなく、二人は近郊の瀟洒《しょうしゃ》な介護つき老人ホームに入居することになった。二人が転居をしてすぐに美智子さん家族も近くのマンションに転居。店は大改装を始める。美智子さん家族が住んでいた家もあずまや風の奥座敷になり、町の一角全てが店となった。佐代子さんがバタバタと走り、小学生だった美智子さんが歩いた長い廊下は、そのまま厨房から奥座敷への通路となった。

■離れていく母と娘の心

母の評判と娘の孤独

美智子さんの受験に際しても、佐代子さんは特段に心配するふうもなく、学校の三者懇談にバタバタと現れて、先生と笑いながら話して帰っていく。卒業式にもバタバタと現れ、知り合いの誰かれに挨拶をして帰っていく。

料理屋のお女将として働いている母の身のこなし、着物の着こなしは、ほかの母親とは比べ物にならなかった。挨拶をする風情にも抑えた華やかさが漂い、いやがうえにも人目をひいた。地域では知らない人がいない母だった。母のことを知らなくても、店の名前を言えば知らない人はいなかった。きれい、粋、優しい、有能、賢い、働き者、礼儀正しくて愛想がいい、腰が低い等々、美智子さんは佐代子さんに対するほめ言葉をどれだけ聞かされたかわからない。

「家では何もしない人よ」と言ってみても「そりゃあそうよ、あれだけの店を切り盛りしてるんだもの、家のことなんかできなくて当然よ」と言われ、「子どものことには関心がない人よ」と言ってみても「だって、お子さん、みんな立派に育ってるじゃない」と言われる。「おばあちゃんの世話とか全然しないし……」と言うと、「しかたがないよ。お店もあるんだし。それはおじいちゃん、おばあちゃんもわかってるでしょう」と言われる。何を言っても佐代子さんの地位は不動だった。そうやって佐代子さんの評判が上がるほど、美智子さんの中には不満がたまっていった。

高校受験の前の晩に佐代子さんが「一人で行けるか?」と聞いてきたときは、思わず「お母さんついて来てくれるの?」と聞き返したが、「いるんなら、おばちゃんに頼もうか思って」という返事にがっかりさせられる。入学式、卒業式に来たのも中学までだった。大学受験で東京に行ったときは、姉がついてきた。

高校生のときの美智子さんは貧血や原因不明の腹痛でしょっちゅう寝込んでいた。生理も重かった。そういうときの看病も全て「おばちゃん」だった。手厚い看病をしてもらいながらも、美智子さんは、ほっておかれているという気持ちがぬぐえなかった。

一度熱中症で倒れて、三日ほど入院したことがあるが、そのときも母は一度も見舞いに来なかった。退院してから「死ぬんじゃないかとか思わなかったの？」と聞く美智子さんに、「死にそうなら、先生がそう言わはるやろ」と答える。このとき美智子さんは「そうか、母が私の心配をするのは、本当に死にそうなときだけなんだ」と思う。合理的な考え方かもしれないが、寂しかった。

東京の大学に進学した美智子さんの下宿を手配して、生活用品を揃えたのも姉とおばちゃんだった。家の店名を言って驚かれることもなく、母の評判を聞くこともない、家を離れての大学生活は快適だった。

初めての夏休みには、久しぶりに会うことを父も母も喜んでくれるのではないかという淡い期待を抱いて帰ったのだが、父は「おお、帰ってきたか」と言うだけ。母はまるで今も家にいるかのように「お帰りさん」と言うだけだった。美智子さんが大学生の頃は店の改装もあり、父も母も忙しく、美智子さんが帰ってきたからといって特別なことは何もなかった。

娘の結婚・出産。それでも変わらない母

結婚の相手にとにかく優しく心配症な夫を選んだのは、美智子さんにつきまとう「誰も心配してくれない」という気持ちのせいだったかもしれない。

1歳上の夫は優しくて物静かな人だった。同じ近畿圏内の出身で、父親は地元の建設会社に勤める会社員、母は専業主婦という平凡な家庭に育っていた。近畿圏に拠点がある事務機器メーカーに就職が内定、美智子さんが卒業したら結婚しようと約束をしていた。

美智子さんの卒業が近くなり、それぞれが両親に相手のことを話したとき、夫の両親はあまりにも家が違いすぎると難色を示したそうだが、彼が両親を説得した。美智子さんの両親は「あの会社なら、遠方に行くこともないやろ」という理由で、特に何の反対もなくすんなりと承諾をした。夫の両親はいったん認めてからは「そちらには、ご商売のご事情もおありでしょうから」と、結婚式のスタイル等に一切の注文はつけなかった。

結果、結婚式の詳細を取り決める主導権は美智子さんの側、正確には美智子さんの実家が握ることになる。そのため、式、披露宴ともに、美智子さんの意に反して盛大なものとなった。披露宴の場所も両親は地元で開くことを主張したが、最終的には両家の中間にある大阪市内のホテルで行われた。

事務機器メーカーに勤める夫側の来賓の数に合わせてこちらの招待客を減らしたらどうかと言う美智子さんに対して、佐代子さんは「何言うてんの。日頃お世話になっている方々に無礼するわけにはいかんやろ」と言った。「娘より日頃お世話になっている方々か……」と、美智子さんは、子どもの幸せのためなら、何も注文をつけず言いなりになってかまわないという夫の親が羨ましかった。

憧れの花嫁衣裳は母と選びたいと考えていた美智子さんだったが、佐代子さんはゆっくり選ぶには程遠く、貸し衣装屋で「あれとこれとそれやな」と、それこそバタバタと決めていった。お店の人が「こんなのもありますが」と勧めても、「ああ、いらん、普通でよろしい」と振り向きもしない。何もかもテキパキと決められた美智子さんは花嫁らしい華やいだ気持ちになれなかった。

結婚後あっという間に一年が過ぎ、ようやく主婦としての生活に慣れた頃に、夫に転勤の辞令が出る。社運をかけての東京進出のメンバーに選ばれたのである。引越しには、おばちゃんが派遣されて手伝いにやってきた。

東京に転勤になってからの夫は通勤距離が伸びたこともあって、毎日深夜にならないと帰ってこなくなる。休日出勤も多く、東京に行ってからの美智子さんは孤独だった。その中で妊娠に気づく。夫婦は話し合い、予定日の一カ月前に実家に帰り、産後三カ月程度は実家でゆっくりすることに決める。深夜にしか帰れない夫には新生児を抱えた妻のケアは無理だと、夫婦ともに考えたからである。

実家に帰った美智子さんは、誰もいないマンションで子どもの衣類の準備などをしながら過ごす。そして予定日より一週間ほど早く女の子を出産する。生まれたときは、父も母も赤ん坊を見に来たが、それ以外は何もかもがおばちゃん任せだった。

夫の両親が生まれた次の日に見舞いに来てくれた。「ご実家にお世話になりっぱなしでごめんなさいね」と言う夫の母に、危うく「うちの親は何も世話などしてくれませんので」と言いそうになった美智子さんはあいまいな笑顔を返すだけだった。

その後、土日を利用して夫が子どもの顔を見に来てくれた。「大変だったでしょう。そばにいてやれなくてごめんね」という夫の言葉に、美智子さんは思わず涙ぐむ。夫がそばにいてやりたいと思ってくれているのが嬉しかったのだ。だが、夫はすぐに東京に戻ってしまう。その二日後、美智子さんは退院する。

孫が生まれても生活を変えない母への抗議

里帰り出産をした美智子さんは、母親の全面的な支援を得られると、どこかで期待していた。しかし佐代子さんは、赤ん坊が生まれたからといって何一つ生活を変えなかった。祖母が倒れたときと全く同じだった。

朝「おはよう」と言い、テレビを見ながらおばちゃんに作ってもらった朝食をとり、新聞にざっと目を通し、「ほな行ってくるわ」と出かけていく。昼過ぎに一度着物を替えに戻ってきて、また「行ってくるわ」と出かけていく。

祖母のときと違うのは、そのときに子どもの顔を覗き込み「ほなな」と言い、「いい子にしときよ」と言うことくらいだった。おもちゃのように気が向いたときに抱く以外は何もしてくれない。ご飯を作ってくれるのも、沐浴《もくよく》を手伝ってくれるのも、おしめの洗濯を気にしてくれるのも、みんな佐代子さんより高齢のおばちゃんである。「何でほったらかしにして平気なの？」「孫の世話をしたいと思わないの？」と美智子さんの中に次第に不満がたまっていく。

ある日赤ん坊が夜泣きをした。美智子さんは一晩中、乳を含ませたり、あやしたりで一睡もできなかった。すると翌朝、佐代子さんが朝食をとりながら「あなに泣くなら、店に泊まろうかな」と言ったのである。

一〇〇平米以上あるマンションである。美智子さんと赤ん坊が寝ている部屋と両親が休んでいる部屋が隣接しているわけでもない。言葉を失っている美智子さんに、佐代子さんは「あんたは昼間寝たらええけどな」と言う。

怒りと悲しさでいっぱいになった美智子さんは、何か言いたいと思ったが、言葉が見つからずに「お母さんは、何よりもお店なのね」と言った。精一杯の言葉だった。佐代子さんはきょとんとしながら「そんなことないで。店より家族や」と言う。

その言葉を聞いて美智子さんの中で何かが切れた。「嘘を言わないでよ。今だって、この子が泣くから店に泊まろうかって言ったじゃない。娘よりも孫よりも店なんじゃないの」と、感情的な調子で言ってしまう。

それに対して佐代子さんは落ち着いた声で「あほなこと言いな。店があるから、あんたかって、実家に帰れてるんやないの。どっちが大事とか言うほうがおかしいわ」と言って席を立ち、「ほな行ってくるわ」と言って出かけてしまった。

一人残された美智子さんは、おばちゃんが気にしているのもおかまいなしに泣く。悲しいというよりも悔しいと言ったほうがいいような心持ちだった。おばちゃんは母娘のやりとりも、美智子さんが泣いているのも見えないかのように、いつもどおり家事を片付けていた。

ひとしきり泣いたその夜、美智子さんは夫に、迎えに来てくれと電話をする。

最初は「そっちでゆっくりしていたほうがいいのではないか」と言っていた夫も、「こちらにいたら、かえって神経が休まらない」と言い張る美智子さんに負け、休みが取れ次第連絡すると約束をする。

夫の休みの日が決まり、明日迎えに来ると両親に告げたとき、二人は拍子抜けがするほど、あっさりと「そうか」と言っただけだった。今までどおり、おばちゃんに手伝ってもらって荷造りをして、産後ほぼ一カ月で美智子さんは子どもを連れて東京の社宅に戻る。

自分の気持ちがわからない

それから美智子さんは実家には帰っていない。一人なのが変わらないなら、実家よりも自分のペースで動ける自分の家のほうがいいと夫には話している。

夫の実家に帰ったときも、自分の実家には帰らなかった。「お父さんやお母さんが待ってはるでしょう」という夫の母親には、人の出入りも多く、時間も不規則な実家は子どもを連れて帰るのには適していないと説明していた。「もう少し子どもが大きくなってから連れて帰ります」と言うのだが、いつまで帰らないでいるかは美智子さん自身も決めていなかった。夫や夫の両親に説明している実家に帰らない理由が、本当の理由ではないことは美智子さん自身もわかっていたが、かと言って本当の理由が何なのかもわからなかった。

ありえないことだと思いながら、母が「孫の顔を見たいから帰ってきてくれ」と言ってくることをどこかで期待もしていた。そっちから言わない限り見せてやらない、という意地のような気持ちもあった。今までのあれこれを思い出して怒りにかられることもあり、あの人たちに何かを期待してもむなしいだけだという諦めのような気持ちもあった。

誕生日、クリスマス、七五三と、節目節目には少なくないお金が振り込まれ、孫に宛てたひらがなだけのハガキが届いた。「ちいちゃんへ　おたんじょうびおめでとう。げんきでいますか。おじいちゃんもおばあちゃんもげんきです。たくさんたべてたくさんあそんでくださいね。はやくおおきくなあれ」と書かれたハガキを見ると涙が出てくるのだが、なぜ涙が出てくるのかわからなかった。

またそのハガキには、必ず表に小さな字で「美智子様」として時候の挨拶と機嫌伺が書かれていた。「美智子様、今年は特別暑いようです。体に気をつけてお過ごし下さい」というその文字を見ると、本当は自分のことは忘れているのに、わざわざ忘れていないことをアピールされているような気がした。こんな文章で済ますつもりかというような、怒りとも絶望とも嫌悪ともつかない感情に襲われた。

いつどうなるかわからないから、元気なうちに孫の顔を見せておいたほうがいいのではないかという焦りや罪責感のようなものも感じていたが、母に電話をかける気にも、返事を書く気にも、お礼を言う気にもなれなかった。不在がわかっている時間帯に電話をして「お金とハガキ届きました。ありがとうございます」と留守番電話に吹き込むのが精一杯だった。呼び出し音が鳴っている間、「誰か出るかもしれない」と思っている自分にも気づいているが、その思いが恐れによるものなのか、期待によるものなのかも、美智子さんにはわからなかった。

しっかり者で何でもできる母

（娘・聡子さん、母・恵子さん）

次に紹介する聡子さんは、特に母に変わってほしいと思わずに成長するが、母と自分の関係が変わったことがきっかけとなり、母に変わってほしいと思うようになる。

このときの聡子さんの母に対する思いは、「私を生きがいにしないで。私から離れて」というものだったが、母を自分に依存する弱い人とは思えなかった。聡子さんの人生に介入してくる人、それでいながら聡子さんの意見は受けいれない、自分のやり方を決して変えようとしない、強い人に見えていた。

母から干渉された記憶がない子ども時代

聡子さんは母親の恵子さんと二人暮らしである。二人だけの静かな生活は十年近くになる。その間には父親や祖父母の法事、二人の姉の出産、新築等々、慌ただしい年もあったが、大切なことはほとんど母と長姉が決めていた。

母、恵子さんは結婚以来、専業主婦としての生活を続けており、その間に、祖父と祖母の介護をし、二人の最期を看取っている。長姉の結婚のときは父親がいたが、次姉の結婚のときは父親が亡くなっていたため、寝たきりの祖母を抱えながら恵子さんが一人で次姉の結婚にまつわる諸々を片付けている。言うならば「しっかり者で何でもできる人」というのが、聡子さんから見た母親像である。

恵子さんは、姉のこと、特に長姉のことには熱心で、下にいくほどどうでもいいと思っているようだった。姉のことにはあれこれ細かく口を出していたし、よく勉強や成績のことで言い合いをしていたが、聡子さん自身は、勉強のことでも成績のことでも、恵子さんから何か言われた記憶はない。

末っ子でもあり、家の問題とは距離を置いた関わりが許されていた聡子さんだったが、この二、三年、母との生活に息苦しさを感じるようになっていた。聡子さんにとっての最も大きなストレスは、毎晩の食事だった。

絡みつく母の視線

母の視線をわずらわしいと感じるようになったのが、いつからなのかははっきりしない。またこれもいつからかはっきりしないのだが、恵子さんは毎朝出勤する聡子さんを見送りながら、「今日は○○にするわ」と、夕飯の献立を口にするようになった。以前もそういう日があったのかもしれないが、気にならなかったのか覚えていない。いずれにせよ、姉たちの出産や新築のゴタゴタが片付いてしばらくした頃に、「毎朝言うんだ」と気づいた。

なぜそれを聞くのが重苦しいのかわからないが、毎朝「今日は○○を作るわ」という恵子さんの言葉を聞くといやな気持ちになる。特に手がかかるのがはっきりしている料理のときは、いやな気持ちが倍増する。「楽しみにしなさい」と言われているようでもあり、「喜びなさい」と言われているようでもあり、何かしら申し訳なさを感じなければいけないようでもあり、聡子さん自身、なぜこんなにいやな気持ちになるのかわからなかった。

そしてさらに苦痛なのが、恵子さんと二人で食事をとるときである。喉をおしひろげるようにして食べるのだが、重苦しさも一緒に食べているようで、とても辛い。聡子さんが食べにくそうにしていると、恵子さんは「どうしたの」と言いたげな顔で、聡子さんを見つめた後、「無理に食べなくてもいいわよ」と言うのだが、聡子さんには「いらない」とは言えない。「無理に食べなくていいわよ」という言い方には、「どうせ私なんか」という響きがあり、そう言われると「母を傷つけてしまった」という耐え難い罪悪感を感じてしまう。だからこそ、箸を持つ手を止めないように気をつけながら食べる。

一度「もう食べられないから残す」と言ったことがあるが、そのとき恵子さんは「そう」と言って、残ったものをそのまま台所の生ゴミ入れに捨てた。その母の行為に聡子さんは責められているような気持ちにさせられると同時に、恐怖を感じた。

それからというもの、とにかく我慢して食べる。どうにも食べきれそうもないと思うときは、最初に「明日は昼食をとりながらの会議があるから、これ弁当にして持って行くわ」と言って自分で保存容器に移す。

これだけ食事に入れ込む恵子さんだが、聡子さんは、遠足等特別な日を除いてお弁当を作ってもらったことは一度もない。父の看病や祖父母の世話で忙しいからと、このことにも聡子さんは不満を感じずにいたが、食事にストレスを感じるようになってからは、「なによ、一度もお弁当も作らなかったくせに」と恨みがましい気持ちになる。そしてそんな自分に自己嫌悪を感じ、ますます落ち込む。

この気持ちを聡子さんは誰にも話せない。話したところでわかってもらえないからである。友人に話しても「いいじゃない。おうちでそんな手の込んだものが食べられるなんて」と羨ましがられるだけである。

姉に話しても「お母さんは食べさせるのが生きがいなんだから、食べてやればいいのよ」と諭されるだけだ。そう言われると「なんで私がお母さんの生きがいのために我慢しなければならないのよ。今までほったらかしだったのに」と、口には出さないものの聡子さんは思う。

子どもの頃の父母

母、恵子さんの料理自慢は昔からだった。恵子さんは、梅干しやらっきょうはもちろんのこと、あらゆる保存食品を自分で作っていた。家族が多いときにはそれらがどんどん消費されていった。特に祖父母がいるときは毎日毎日、三食を作っていたし、私学に進学した姉たちは、中学、高校を通じて弁当を作ってもらっていた。

二人の姉の私学への進学は祖父の意向だったようだが、聡子さんのときには何も言わなかったのか、聡子さんは地元の中学に進学している。地元の中学には給食があった。高校進学を考える頃には父が入退院を繰り返しており、中学生だった聡子さんも、誰に言われたわけでもないが私学は無理だと考え、公立高校への進学を決めている。その高校には簡単な食堂があったために、高校時代の昼食は食堂のうどんやパンで済ませている。

聡子さんが高校生の頃に、長姉が結婚をする。父親が存命の間に、と予定を早めての結婚だった。病室から結婚式に参加した父親は、その半月後に帰らぬ人となる。

父親は聡子さんが小学三年から中学二年までの六年間、東京と名古屋に単身赴任をしていた。体を壊して単身赴任を切り上げたのだが、それまでは普段子どもと一緒にいられないことを補おうとするかのように、聡子さんや姉たちを連れてよく出かけていた。出かける先は主に山。一泊程度の小旅行だった。冬にはスキーに行ったこともある。

こうした経験のせいか、聡子さんは少々疎遠な感覚はあるものの、父に対して肯定的な感覚、かわいがられたという感覚を持っている。この父娘の小旅行に母はついてきたことはない。「祖父母がいるから」というのがその理由だった。

離れに住む祖父母

祖父母は同じ敷地内に建てた小さな家に住んでいた。同居のために建てた家で、最初は父と母、姉二人がそちらに住んでいたが、聡子さんが生まれてからは、若夫婦が母屋に住み、祖父母が離れに移ったそうである。

祖父は菓子作りの職人だった。聡子さんは知らないが、小さいながらも自分の店を持っていたらしい。60歳過ぎで店をたたみ、借家住まいをしていた息子家族を呼び寄せた。祖父にとっては子ども夫婦が自分たちの面倒をみるのは当たり前のことであり、父の東京赴任が決まったときも、転勤をなかなか認めなかったそうである。認めた後も家族がついて行くのを許さなかった。気難しく頑固で、厳しい雰囲気の人だった。

そして何よりも男尊女卑的だった。聡子さんが小学生の頃には、よくイライラして祖母を怒鳴っていた。その理由も顛末《てんまつ》も聡子さんは覚えていないが、祖父の怒鳴り声と祖母の困惑したような暗い顔だけは覚えている。

聡子さんが高校生の頃までは、祖父母はほとんど母屋にいて、離れには寝に帰るだけだったのだが、父が亡くなって一年ほど経った頃から、祖父は祖母を怒鳴らなくなり、食事も離れでとるようになる。

後でわかったのだが、この頃から祖母が認知症になり、祖父はそれを家族の目から隠すために離れで暮らすことを決めたのだった。二人が離れで暮らすようになってからは、恵子さんは三度三度の食事を離れに運んでいた。

祖父を中心にした大家族の静かな食事

聡子さんの記憶の中の恵子さんは、いつも台所に立っている。小学生の頃は聡子さんが起きる頃には、すでに祖父母は食事を済ませている。祖母に起こされて、着替えを済ませ食卓に着く頃には、中高生の姉たちはすでに出かけている。朝食を済ませて聡子さんが出かけるときにも恵子さんはまだ台所にいる。そして聡子さんが学校から帰ってくる時間にも恵子さんは台所にいる。

祖父は毎晩一合の日本酒で晩酌をする。最初に祖父のための燗酒《かんざけ》と酒の肴が食卓に上がる。続いて祖父母のための副菜が食卓に並び、恵子さんは祖母のぶんの汁と飯を盛る。祖父のぶんは祖父が「飯」と言ってからつぎ、祖母に渡す。そしてそれを祖母が祖父に渡す。

そのほかにも祖父は食事中に、「しょうゆ」「梅干し」「茶」などと、単語だけを大声で言うことがあった。祖父が言ったものを恵子さんが祖母に渡し、祖母が祖父に渡していた。

祖父母の給仕が済んだ頃に、恵子さんは子どもを呼び、汁椀や飯椀を食卓に並べさせる。それと同時にお酒を飲まない父のための副菜が並び、恵子さんは父に給仕をする。次に子どもたちのための副菜を食卓に並べ、子どもが並べた汁椀、飯椀に汁と飯をつぐ。そして子どもたちに「さあ食べなさい」と言う。

このとき祖父母も父もまだ食事中である。したがって開始が異なるだけで、恵子さんを除く家族全員が一緒に食事をとることになる。父がいないときも父のぶんがなくなるだけで手順は変わらない。

祖父母の副菜と子どもの副菜とは、味つけや油の使用などが異なっていた。家族全員が食べ始めても恵子さんは台所で立ち働き続け、祖父母の食事が済む頃にやっと食卓につく。

聡子さんはそのことに疑問を持っていなかったが、後年、恵子さんが祖父母と一緒の食卓につきたくなかったから、食卓にすぐにつこうとしなかったのだというとに思い当たる。祖父が嫌いだから、ものを渡すのも直接渡さなかったのではないかと思っている。

大家族の食事は、いつも祖父を中心にして静かだった。子どもたちの口数が多くなると、祖父が「黙って食べなさい」と言う。肘をついていたり、足を崩していると、恵子さんが黙ったままチョンとつつく。聡子さんは慌てて座り直す。恵子さんが気づかずにいると、祖父が「肘!」「足!」と厳しい声で言う。姉たちはそそくさと食べて姿を消す。子ども時代の食事風景はどこか緊張したものだった。

恵子さんが家族と食卓につくようになったのは、祖父母が離れで食事をとるようになってからである。このとき聡子さんは高校二年。すでに父はいなかった。長姉も嫁ぎ、恵子さんと聡子さんと次姉、三人の食卓だった。

食事中も恵子さんの神経は離れに向けられていた。祖父は食事が終わると、離れの玄関で「おい」と大声で恵子さんを呼ぶ。恵子さんは呼ばれるとすぐに食器をさげにいく。そのときに食後の果物とお茶を持っていく。最初から持っていけばいいのに、と思うが、恵子さんはそうしない。

一度「一緒に持っていけば」と言ったことがあるが、恵子さんは「おじいちゃんがいやがるのよ」と言った。それだけでなく、こうした仕事を聡子さんや姉たちに決して手伝わせようとしなかった。「私が行こうか」と聡子さんが言っても、恵子さんは「いいから食べてなさい」と言うのだった。

祖母の介護を引き受けた母

この母娘三人の食卓はすぐに終わる。父が亡くなって四年後、祖父が倒れる。

一命はとりとめたものの、二カ月の入院生活の後に意識を取り戻さないまま亡くなる。

祖父が倒れたことで祖母の認知症が明らかになる。二カ月の間に見舞いに訪れた父の姉や妹は、誰も祖母を引き取るとは言わなかった。

祖父の葬儀が済み、四十九日に集まった父の姉妹からの「家の相続は放棄する」「土地についても遺留分程度のお金をもらえれば相続放棄をする」という申し出を、恵子さんは受けいれる。家と土地は、祖母と恵子さんと聡子さん姉妹のものになる。家、土地つきで認知症の祖母の世話をすることになったと言ってもよい。

しばらく様子を見て、祖母を一人で離れに置いておけないと判断した恵子さんは、祖母を母屋に連れてくる。それからは祖母中心の生活が始まる。このとき、聡子さんは大学生。次姉は社会人になっていた。

祖父母との同居が当たり前の生活をしてきた聡子さんだったが、認知症の祖母を実の子どもが誰も引き取らず、血のつながりのない恵子さんが引き受けたことについては釈然としないものを感じていた。「たまには預かってもらったら」とか、「順番に見てもらったら」という聡子さんの提案に、恵子さんは「うん」とは言わなかった。また「だんだん認知症が進むのはわかっているのだから、施設を探したら」という提案も受けいれなかった。

「論外」と言わんばかりの恵子さんの反応が聡子さんには理解できなかったが、叔母たちに対する「文句は言わせない」という意地のようなものが感じとられた。そして恵子さんは決して聡子さんや姉に介護の手助けを求めなかった。

手助けを拒む恵子さんは、祖母のことには誰一人関わらせたくないと思っているかのように頑なだった。手伝いたいわけではなかったが、そんな恵子さんの姿に、うっすらとではあるが聡子さんは自分自身も拒否されているような気持ちがしていた。

誰の手も借りず、全て一人で片付けていく母の姿

祖母がいるために、恵子さんは一歩も家から出られなくなっていた。特別な買い物があるときは、次姉の車で祖母も一緒に出かけることはあったが、日常の買い物は自然食品の宅配と生協の配達で済ませていた。自然食品の宅配は、季節によってあるいは収穫によって量がまちまちであり、恵子さんはたくさん届いたものを調理しては冷凍していた。

昔の大家族の頃とは違い、それほど食べなくなっていたために、作ったものはどんどんたまっていく。結婚している長姉が来るたびにあれこれ持たせてもまだ減らない。そのうちに恵子さんは、新たに冷凍庫を買い、離れを食糧庫のように使い始める。

祖母が寝付く頃から恵子さんは、聡子さんの子ども時代にそうだったように一日台所にいるようになる。食べもしないものを作っているように見えないでもなかったが、それ以外の趣味が今の恵子さんには持てないのだろうと、その頃の聡

子さんは思っていた。

そして、この頃から恵子さんはより凝ったものを作るようになる。孫が来たときのために、とケーキを焼いて冷凍するようになったのもこの頃からである。

祖母が寝付いてしばらくして次姉が結婚する。恵子さんは寝たきりになった祖母を、手がかからなくなったと表現していたが、何もかも人の手を借りなければならなくなった祖母の世話が大変なことに変わりはなかった。

何一つ文句も言わず介護をしながら、次姉の結婚準備も淡々とこなす恵子さんに、聡子さんは「この人にはかなわない」という思いを抱く。聡子さんと二人きりになっても、恵子さんのその姿勢は変わらなかった。その姿に、聡子さんは誰の手も借りないという恵子さんの強い意志を感じとっていた。誰に対しても心を閉ざしているようであり、聡子さんにとっては、「祖母にも恵子さんにも関わるな」と言われているような気がしていた。祖母の死後の雑事も、恵子さんは一人で黙々と片付けていった。

自分のテリトリーへの母の侵入

こうしてどちらかというと、聡子さんの関わりをはねつけていた母が、いつの頃からか聡子さんの行動に注目し始める。知らない間に、聡子さんの部屋のデスクの上に花が活けてあったり、クッションのカバーが変わっていたりするようになる。聡子さんは自分のテリトリーに母親が侵入してきたような、そしてその痕跡をわざわざ残していったかのような気持ちになる。

朝出かけるとき、献立を告げられる前に、今日はいらないと言うと、「何の用事?」「何時頃帰るの?」と聞かれる。

忘年会のような飲食を伴う用事の場合は言われないが、夕方から会議があって何時に終わるかわからないというような場合は「食事は出るの?」と聞かれる。「出ないけど、適当に食べて帰るから」などと言うと、「じゃあ家で食べなさい。今日は〇〇だから。遅くなってもかまわないから」と、言われる。

また、忘年会のような用事の場合には、「お酒も出るんでしょ。あまり遅くならないようにしなさいよ」と言われる。そう言われると、聡子さんは門限のある子どものように帰る時間が気になってしまう。

いずれにせよ、監視されているような居心地の悪さがあり、次第に母の存在が重たくなっていく。

聡子さんは、職場で活き活き働く高齢女性の話をしたり、何とか母が自分以外のものに興味を持ってくれないかと働きかけるが、効果はない。海外旅行に出かける聡子さんの女性上司の話をして、「お母さんも行ってみれば」と言うと、「一人ではいけないわよ」と言う。「私となら行く?」と聞くと、「さあね」と言うだけで行くとは言わない。押しても引いてもビクとも動かない壁のようだった。

聡子さんからの提案を何一つ受けいれない恵子さんは、相変わらず黙々と料理を作り続け、毎朝聡子さんに夕飯の献立を言い続けるのだった。

娘を傷つける母

（娘・多喜子さん、母・千代乃さん）

もう一人、強い母を紹介しよう。74歳になる千代乃さんである。娘の多喜子さんは52歳。夫と二人暮らしである。

夫との間には二人の息子がおり、それぞれ就職し家を出ている。長男は昨年結婚し、次男にもつきあっている人がいるらしい。

多喜子さんは子どもたちのことは何も心配していないのだが、母が何か言うのではないかという恐れを常に抱いている。二人の子どもの進学にあたっても「そんな学校にしか行けないのか」と、母は悪態をついた。長男の結婚相手の実家の商売を聞いたときも、母は「フン」という顔をして、「蒲鉾《かまぼこ》屋の娘か」と言い放った。母にそう言われると、ひどくとがめられたような気がして、多喜子さんは落ち込むのだった。

母が認めるのは、高級官僚か大学教授、医師か弁護士といったいわゆるエリートだけである。大学教授でも国立大学か有名大学の教授以外は認めない。「あんな三流大学の教授なんて」というのが、多喜子さんの夫、啓太さんに対する母の評価である。唯一認めているのが、彼が東大を卒業しているということだが、それも「東大を出てもあんな大学しか勤め先がないようじゃね」という、また別の悪口の材料になる。

おっとりしている啓太さんはそう言われても「そのとおりです」と気にもしないが、多喜子さんは啓太さんのように鷹揚《おうよう》にかまえることはできない。

息子には優しく、娘には厳しい母

千代乃さんは厳しい母親だった。

何かの機会に戸籍謄本を見て、実子であることを確認するまで、多喜子さんは「自分は本当の子どもではないのではないか」と真剣に疑っていた。

6歳下に弟がいるが、千代乃さんは弟のことは猫かわいがり。弟を見るときの顔と自分を見るときの顔が全く違うことに、多喜子さんは高校生のときに気づく。しかし、小学生の男の子をかわいいと思うのは当然と、自分に言い聞かせた。千代乃さんの表情の違いに気がつくずっと前から、多喜子さんは母の弟に対する態度と自分に対する態度に、天と地ほどの差があることには気づいていた。

小学生のとき多喜子さんは根菜類が苦手だった。大根の炊いたものなどは吐き気がするほど嫌いだったが、千代乃さんは容赦しなかった。すっかり食べきるまで許さなかったし、多喜子さんが苦手だからといって根菜類が食卓に上る回数も減らなかった。

千代乃さんに睨まれながら、気持ち悪さを押し殺してとる食事は地獄だった。根菜類が入っている一品をいらないと言うと、「じゃあ食べるのはよしなさい」と目の前にあるほかのおかずやご飯も全部下げられてしまう。あまりのことに「食べる」と言うと、目の前にドンと大根の鉢が置かれ「これから食べなさい」と言われる。まさに拷問のようだった。

一度、千代乃さんの目を盗んで、皿に盛られた大根を鍋に戻したことがあるが、母の目はごまかせなかった。バシーンと張り飛ばされて、首根っこをつかまれ鍋のところに連れて行かれた。そこで「自分が何をしたか言いなさい」と責め立てられた。千代乃さんは、「何てずるい子。こういう汚いことをこの年からやるなんて、末恐ろしい」と言い放ち、台所の床に多喜子さんを突き倒した。こうした大根をめぐる攻防が小学三、四年まで続く。

6歳下の弟も根菜類が苦手だった。3、4歳の頃から、大根の炊いたものがあると残すようになる。味噌汁に入っている大根も食べない。

しかし、その弟の根菜嫌いに対して千代乃さんは何も言わなかった。それだけでなく、弟が幼稚園に入る頃、多喜子さんが小学五、六年の頃から、根菜類が食卓に上らなくなる。そして千代乃さんは得意そうに「修ちゃん（弟）はニンジンをハンバーグの中に入れたら気づかずに食べちゃうのよ」とか「餃子の中に入れたら大根だってわからないでしょ」などと言うようになる。

このとき多喜子さんは差をつけられたというよりも、千代乃さんが新しい方法を開発したのだと理解した。無理やり食べさせられることがなくなり、多喜子さんの根菜嫌いは次第に解消されていく。

待遇の違いはそのほかにも数えきれないほどある。たとえば「参考書を買ってほしい」と高校一年の多喜子さんが言ったとき、千代乃さんは「成績が三十番以内に入ったら買ってやる」と言った。

無理だと思いながらも頑張った結果、二年生の最初の試験で三十番以内に入ることができた。「三十番以内に入ったから参考書を買うお金をちょうだい」と言うと、「あれは一年生のときの約束。二年生になったんだからそれではダメ。二年生でほしければ十番以内に入りなさい」と言う。

意外な答えに多喜子さんが何も言えずにいると、「三十番以内に入ったんだから、もう参考書なんていらないでしょう」とうるさそうに言う。このときの千代乃さんは不機嫌そうで、娘の成績が上がったことが気にいらなくてしかたがないような印象を聡子さんは抱く。それなのに千代乃さんは弟の参考書代は惜しまなかった。

また、小学校受験のための塾をやめてから、どこにも通っていなかった多喜子さんだったが、小学六年のときに塾に行きたくなり、行かせてほしいと千代乃さんに頼んだ。返ってきたのは、「塾に行かなければできないほど馬鹿なら、できなくて結構」という返事だった。

その頃、弟の修は小学校受験のための塾に通っていた。その後も、その時々の目標に合わせて選んだ塾に通っていたが、小学四年のときに、本格的な受験塾に移った。

そのとき、高校生だった多喜子さんは、「修ちゃんは塾に行かないと無理なの?」と千代乃さんに聞いてみた。精一杯の皮肉のつもりだったが、千代乃さんは「あんたのときと時代が違うのよ。レベルも違うし、目標の高さだってあんたとは違うんだから」と答えた。皮肉を言うつもりが逆にとがめられて多喜子さんはいつものように黙り込むしかなかった。

幼稚園のときに受けた母からの辛い仕打ち

千代乃さんは多喜子さんのことを、「グズ」「不器用」「要領が悪い」と言っていた。この悪態は子どもの頃から変わらなかった。

多喜子さんが幼稚園児のとき、母の日の参観で子どもたちがお母さんに折り紙で作ったレイをかけてあげるという企画があった。この日のために子どもたちはお母さんに宛てたお手紙を書き、折り紙を輪にしてつないだレイを一生懸命に作っていた。

多喜子さんは、レイをかけてあげたときに千代乃さんが小さな声で「ぶきっちょねえ」と言ったことをはっきりと覚えている。うろたえて千代乃さんの顔を見たが、千代乃さんは多喜子さんと目を合わせようとしなかった。

家に帰ると、そのレイが屑箱に捨てられていた。多喜子さんがそれを見たのに気づいた千代乃さんは「色のセンスが最低よ。張り方も汚い」と言った。幼稚園児だった多喜子さんは、そんなレイをお母さんの首にかけてお母さんに恥ずかしい思いをさせてしまったと後悔したのを覚えている。

このように、子ども時代の多喜子さんは、千代乃さんにいくらひどいことを言われようと、母の言動は「自分が悪いから」「自分がちゃんとできないからだ」と理解していた。

千代乃さんからは言葉で叱責されるだけでなく、よく叩かれもした。気にいらないことがあると、ものさしや掃除機の柄、ブラシなど、そのとき手近にあるもので殴られた。テストの点が悪いと言って叩かれ、態度が悪いと言って叩かれ、弟をいじめたと言っては叩かれた。

それでも多喜子さんは千代乃さんが大好きだった。怖いけれど、誰よりもほめてもらいたい相手、認めてもらいたい相手だった。

母のこと以上に自分のことを嫌いに

それが変化し始めるのは、中学生になってからである。

多喜子さんはいつも千代乃さんに怒鳴られていた。「何かをしなさい」と言われてやっているると、やっている最中から「グズ」「何しているのよ」「本当に不器用なんだから」「役立たず」という罵声が飛んできた。

夕食後、テレビを見ている弟には何も言わずに、「多喜さん、お皿下げてきて」と多喜子さんに声がかかる。下げ始めると「言われなきゃできないの？」と言われ、下げ方の一つひとつに文句が飛ぶ。「それとそれを重ねちゃダメよ。傷がつくでしょ。当たり前のことがどうしてわからないのよ。馬鹿じゃない。役立たずが」とこんな調子である。

とにかく何かやるたびにダメ出しの嵐である。ダメ出しに対して反抗的な様子を見せると手が飛んでくる。こうした千代乃さんの評価を受け、多喜子さんは平凡で何のとりえもない自分、ほかの人が当たり前にできることもできない不十分な自分、他者に嫌われる要素を持っている自分、他人とうまくやれない自分という自己イメージをふくらませていく。

中学生になって、よそのお母さんはもっと優しいし、ほかの子は親にほめられたり、親からプレゼントをもらったりしているということを知るが、その頃の多喜子さんは母親のことを嫌うのと同じほど、もしかしたら母親を嫌うのよりもっと強く自分を嫌うようになっていた。

このような自己イメージがあるため、多喜子さんは人が誘ってくれても本気で誘っているとは思えない。誘いに応じたら、後で笑いものにするに違いないと思ってしまう。だから誘ってくれた相手に「馬鹿にして」と腹を立てる。こういう状態なので、対人関係はことごとくうまくいかなかった。

その多喜子さんに千代乃さんは「友達の一人もいない」と罵声を浴びせる。多喜子さんの自尊心はますます打ち砕かれていった。

娘の夫も結婚も気にいらない母

自分に自信のない多喜子さんは自分が結婚できるとも、仕事につけるとも思っていなかった。母に罵られながら、この家で生きていくしかないのだろうかと思っていたときに、今の夫、啓太さんとの縁談が持ち込まれる。それより以前にあった縁談は、千代乃さんの気にいらず、ことごとく握りつぶされていた。

さきほども書いたように、千代乃さんはエリート以外は認めていない。千代乃さんの父は国立大学の教授だった。千代乃さんの兄は医者、大学教授、義弟は民間シンクタンクの研究員と、全員が知的な職業についていた。

多喜子さんが適齢期の頃、弟は国立大学の学生だった。その後、研究員として大学に残るが、千代乃さんが認めないために、地方の大学にポストがあっても就職できずにいた。40歳を過ぎた今も研究員のままで、予備校の講師のバイトなどをしている。

千代乃さんの夫、つまり多喜子さんの父、康之さんも学者だった。千代乃さんと結婚したときは京都大学に勤めていた。おそらく京大の教員が夫であることが千代乃さんのプライドには必要だったのだろう。その後康之さんが山陰の大学に教授のポストを得たときに、千代乃さんは、子どもの教育のためにもそんな田舎には行けないと徹底抗戦、京都に残る。

康之さんの一族も学者一家だった。特に康之さんの弟は優秀で、東大を出て、東大に勤めた後、アメリカの大学に職を得、70歳を過ぎた今もアメリカで研究生活を送っている。山陰の田舎の大学で教授職につき、その後は同じ地方の私立女子大に勤めた康之さんは、千代乃さんにとっては不甲斐ないことこのうえなかったのだろう。

夫婦の関係は悪く、国立大学を退官した後も、康之さんは京都に帰って来ようとはしなかった。先述したとおり、地方の女子大学の学長となり、75歳でその職を辞した後も山陰の町に住み続けている。

多喜子さんは、康之さんがそちらで親しくなった女性と一緒に暮らしているのではないかと思っているが、そのことを千代乃さんが知っているかどうかはわからない。

いずれにせよ、今の夫との縁談は、やっとめぐってきた研究者との縁談であり、千代乃さんは多喜子さんの意向などおかまいなしに話を進めていった。そのとき多喜子さんは25歳。若き研究者だった夫、啓太さんは30歳。千代乃さんは47

歳だった。

啓太さんは当時大阪大学に籍を置いていたが、しばらくして私学に移籍する。そのまま大阪大学で職を得てという千代乃さんのもくろみは外れ、「あんな三流大学の教授ではね」という嫌味となる。

結婚後も母親から解放されない娘

子ども時代には何をやっても認めてもらえなかった多喜子さんだが、結婚してからも同じだった。結婚式のウェディングドレスを選ぶときも、「何を着ても似合わない子だね」「花嫁衣裳なんかはどんな不細工な人が着てもきれいに見えるもんだけど、あんたはダメだね」等々、一言もほめない。

いつものことなので多喜子さんは特に腹も立てずにいたが、すっかり支度ができて、花婿である啓太さんと対面したとき、「やあー、きれいですね」と嬉しそうに言った啓太さんに対し、「島本さん、これくらいのことでそんなにほめたら、この子は頭にのりますよ」と千代乃さんは真剣な面ざしで言ったのである。

いくらなんでも娘がこれから一緒に暮らす人に向かってそれはないだろうと思ったが、やはり何も言えずにいると、「いやあお母さん、冗談が上手ですね」と笑いながら言う啓太さんの声が聞こえた。その対応に多喜子さんはホッとする。この人とならうまくやっていけそうだと、そのとき思ったのを覚えている。

啓太さんとの暮らしは確かにうまく運んでいた。先述したとおり、のんびりとした人で、率直、正直な人だった。

家庭内での嫌味、あてこすり、謎かけと意地悪に満ちたコミュニケーションから解放された多喜子さんだったが、母親からは解放されなかった。結婚後すぐに居丈高で命令口調の電話がかかってくるようになる。内容は暮らしの中のさまざまな不都合や不具合を嘆くものであり、常に、多喜子さんがいかに親不孝かという嘆きとセットになっていた。

たとえばことのほか暑い夏のある年、多喜子さんが電話に出るなり、「この暑さで死んでるかと思ったわよ」と言う。多喜子さんが返事に窮していると、「年寄りの親にそういう心配はさせても、あんたは年寄りの親が無事でいるかどうかは気にしないのね」と畳みかけてくる。「そんなことはない」と言うと、「じゃあ、なんで見舞いにも来ないんだ。同じ年頃の娘がいても、隣の坂田さんのように毎週来てくれる家もあるのに。あんたは昔から冷たかったけど、それが本性だというのがよーくわかった！」などと言うだけ言ってガチャンと電話を切る。

こういう電話を聞かされた後のいやな気持ちは言葉にできない。すぐに出向くと、「電話がきたから来たんだろう。あんたは言われたら心にもないことを平気でできる人間なんだ」などと言うことは容易に想像できる。行かなければ行かないで、また親不孝をなじる電話がかかってくるのもわかっている。

多喜子さんは次第に、母に文句を言わせないように言わせないようにと全てに先回りをして対応するようになる。季節の挨拶はもちろんのこと、母の誕生日、両親の結婚記念日、母の日、敬老の日、クリスマスなど、あらゆるイベントに母への贈り物や挨拶を欠かさない。当然ながら母から感謝の言葉は返ってこない。

「この間あなたが送ってくれたお菓子ね、すごいしつこくて、胃にもたれるから、修の職場に持って行ってもらったわ」とか、「この間くれたスカーフね、年寄り臭くていやだから、義姉さんにあげたわ」とか、何かを送るたびに、よくこんな感じの悪いことが言えるものだと思うくらい、いやなことを言ってくる。

しかし、もし何もしないでいたら、どんな罵声を浴びせられるかもわかっているので、多喜子さんはこうした嫌味を聞き流しながら母親に贈り物をし続ける。

父に対する母の思い

その千代乃さんが62歳のとき、リウマチを発症する。気難しく不機嫌だった千代乃さんはますます不機嫌になり、多喜子さんはご機嫌伺いだけでなく、病院への通院や家事の手伝いにも駆り出されるようになる。

子どもたちは中学生になり手もかからなくなっていたため、多喜子さんは何とか母の用事もこなせていたが、リウマチという診断が確定したときに、啓太さんに相談して千代乃さんの家の近くに転居する。自分でわざわざ罠にはまりに行くようなものだと思いながらも、ほかの方法が多喜子さんには思いつかなかった。

　母のリウマチは一進一退を重ねながら次第に悪化していった。その頃から千代乃さんは多喜子さんに「父の誕生日にきちんと贈り物をしたか」などと聞くようになる。していないと答えると、「あんたが学校に行けたのも、ちゃんとした結婚ができたのも、あの人が働いているからなのに、親不孝者が」と罵るようになる。

　しかたがないので「送った」と言うと、「何を送ったのか」「礼は言ってきたか」と聞く。挙句の果てに「あんたの言うことは信用できない。送り状を見せろ」とまで言い出す。どうしようもなく、多喜子さんは千代乃さんにだけではなく、康之さんにまで季節の挨拶や父の日の贈り物をするようになる。康之さんは礼を言うとともに「ほったらかしにしているのに、あんなことしてもらわなくても」と電話をかけてくる。

　最初は適当なことを言っていた多喜子さんだが、いらないと言うのに送り続けるのも気がひけて、ある日「お母さんが送れと言うのよ」と告げた。康之さんは「そうか」と言って、それからは電話はかかってこなくなった。その代わり、送ったものと同額の商品券が多喜子さん宛てに送られてくるようになる。

多喜子さんは、千代乃さんは康之さんに会いたいのではないかと思っている。しかし康之さんにとっては、妻の千代乃さんの思いは迷惑なのだろう。思いを受け取ってもらえない千代乃さんもかわいそうだなと多喜子さんは感じる。

相変わらず千代乃さんは康之さんに何を送ったのか聞いてくるが、商品券が送られてくることは、千代乃さんには伏せてある。

病院で浴びる罵声

先月から食欲がなくなった千代乃さんは、このままでは衰弱してしまうので、と入院させられている。それでなくても不機嫌なのに、意に沿わない入院をさせられた千代乃さんはますます荒れ狂っている。

多喜子さんが病室のドアを開けた途端に「遅い！」という千代乃さんの怒鳴り

声が飛んでくる。「あんたが来るのが遅いから、ごみの回収が来ちゃったじゃないの。明日まで、またゴミ箱がいっぱいのままよ」と、どうでもよいようなことでギャンギャン怒られる。そして最後に「まったくいくつになってもグズで役立たずなんだから」と言う。

頼まれて買ってきた下着の包みを開けながら、「やだ、こんなものしかなかったの。あんたのセンスってホント最低ね。こんなみっともないパンツ、恥ずかしくて、はけやしないわ」と言う。

頼まれて買ってきたいなりずしを食べながら「このいなりずし、もっとおいしいと思ってたんだけど、大したことないわね。味がおちたのかしら」と言う。とにかくほめない。そしてとどめのように「この間、修が買ってきてくれたのは、とってもおいしかったんだけどね。あの子はできたてのを買ってきたのかもね。あんたは気がきかないから古いの買ってきたんじゃないの」と言う。

弟の修が買ってきたものなら腐っていてもおいしいと、この人は言うんだろうなと思いながら、多喜子さんは洗濯物などをまとめて帰り支度をする。

その多喜子さんに向かって、「明日はもっとおいしいいなりずしを買ってきて頂戴。私の食欲が戻らないほうがいいんなら、今日みたいなまずいのでもいいけどね」と千代乃さんは言う。そして「あんたが洗った洗濯物、しわくちゃでみっともないったらありゃしないわよ。もっと丁寧に干してちょうだい」と言う。さらに多喜子さんを横目で睨みながら「本当に気がきかなくて不器用なんだから」と言う。

病気になって以来染めるのをやめた千代乃さんの白髪が乾燥した空気でパサパサになり広がっているのを、何となくライオンみたいだなと多喜子さんは思う。そして深いしわが刻まれた千代乃さんの顔を見ながら、この人はいつまでこうやっているんだろう、死ぬ直前にでも「世話になった」くらい言うんだろうか、などと思う。

千代乃さんは「何、人の顔ジロジロ見てるのよ、わかったならわかったとちゃんと返事をしなさいよ」と怒鳴る。

その声を背中に多喜子さんは病室を後にする。多喜子さんは千代乃さんに変わってほしいとまでは思わないが、お礼の一言くらい言ってもよいのではないかと思っている。

最後に、これまで紹介した母親たちほど強い個性の持ち主ではないが、多くの娘たちに苛立たしさや重苦しさを感じさせている母親像を紹介する。

こうした母親の多くは、専業主婦、あるいはパート程度の仕事をしている主婦で、EPISODE4で紹介した聡子さんの母親恵子さんほど禁欲的でもなく、EPISODE5で紹介した多喜子さんの母親千代乃さんほど強烈でもない母親たちである。

代表として、美恵子さんの母親の和子さんに登場してもらうこととする。

言うことが矛盾だらけで口うるさい母

（娘・美恵子さん、母・和子さん）

娘に夫の愚痴をよくこぼす母

美恵子さんの母、和子さんは昭和二十一年の生まれ。戦争が終わった翌年の年の暮れに香川県に生まれている。父43歳、母35歳のときの子どもだ。父が戦争から帰ってきてから生まれたので、平和な時代に生まれた子どもとして和子と名付けられた。和子さんの母親は、和子さんが小学生の頃に亡くなった。

和子さんの上には五人のきょうだいがいる。和子さんが高校を卒業する頃には、五人の兄、姉は全員家庭を持っていた。長兄は香川に残り、父とともに暮らしていた。長姉、次姉は香川の人と結婚し、実家の近くに居を構えていた。次兄とすぐ上の姉は大阪にいた。次兄は大阪の電力会社に勤め、すぐ上の姉はその兄を頼って大阪に出て行き、洋裁学校に通った後、洋品店に勤め、二年ほど前に結婚していた。

香川県の高校を卒業した和子さんは、姉のように洋裁学校に通うべく、大阪へと旅立つ。一九六四年、高度成長期の真っ只中であった。

洋裁学校で学んだ和子さんは百貨店の採用試験を受け合格し、デパートの男性用品の売り場で働き始める。洋裁学校卒業なのを見込まれ、ズボンのすそ上げのピン打ちなどを任されていた。

その和子さんを見染めたのが、美恵子さんの父親泰三さんである。泰三さんは山口県の出身。地元の高校を卒業し、大阪で働いていた勤労青年であった。

大阪にいる次兄が親代わりとなって結婚式を挙げる。泰三さん25歳、和子さん22歳のときである。若い二人は泰三さんの勤務先の電気工事会社の近くの借家に新居を構える。そこで、美恵子さんと妹多恵子さんが生まれる。

その後二人は現在の家をローンで購入。美恵子さんが12歳、中学入学の年に転居する。一九八二年のことである。

この一九八二年の自宅の購入が、両親の間ではしばしばいさかいの種になっていた。理由は、最も高いときに買ったということである。「お父さんには先見の明がない。私はもっと早く買おうと言ったのに、お父さんが待てと言っている間にどんどん値が上がり、値段も金利も一番高いときに買うことになってしまった」というのが、和子さんの言い分だった。

それに対して泰三さんは「そんなに何もかもがわかってたら苦労はないわ」と言い返すのだが、和子さんは「私は早く買おうと言っていた」と言い募り、泰三さんが「そのとおり、俺が止めた」と言うまで引き下がらなかった。

その後一九九〇年代に不動産価格が暴落したときは、「今売ったって、ローン分にもなりゃしない」と和子さんはよく言っていた。暗に泰三さんを責めているのだが、泰三さんは「そうだな」と言って逆らわない。

そんな泰三さんのことを、和子さんは美恵子さんによくこぼしていた。先見の明がないというのはもちろんのこと、「田舎の人だから楽しみを知らなくて」と、自分が田舎育ちなのを棚に上げて言う。覇気がない、男気に欠ける、冒険心がない、面白みに欠けるなどという言葉が、泰三さんを評価する和子さんの言葉だった。

泰三さんが勤めているのは、電力会社の下請け工事が主な仕事の会社だった。そのことも和子さんは気にいらない。「親会社なら給料もどんどん増えるやろうけど、やっぱ下請けはあかんな」と言うのが和子さんの口癖だった。

こういうとき、比較対象になっているのは電力会社に勤める次兄である。和子さんは次兄を尊敬していた。何かあると次兄に相談し、「兄さんはやっぱ違うわ、言うことが大きい」と言っていた。泰三さんと比較しての評価なのは明らかだった。

美恵子さんに聞かせるこうした話を、和子さんは泰三さんには言わない。そして「こういうことはお父さんには言うたらあかん。本当やけど、言うたらあかん。一生懸命働いてくれてるし、お父さんにだって男のプライドというものがあるやろしね。機嫌よく働いてもらおう思ったら上手にせな」と言うのである。そしてその言葉どおり、和子さんは夕方帰ってくる泰三さんを「お疲れ様」とねぎらい、風呂もお父さんから、ご飯を最初につけるのもお父さんからというスタイルを守っていた。

和子さんの言葉を信じていた高校生の美恵子さんには、大して力のないお父さんが、うまくお母さんに持ち上げられているかのように見えていた。

明るく元気で賢い母の記憶

美恵子さんの記憶にある和子さんは、昔取った杵柄《きねづか》を生かし、洋品店のパートに出たり、家ですそ上げや縫製の内職をしていた。洋品店では、仮縫いもできるし、デザインの相談にものれるから、売るだけのほかのパートより優遇されているとのことだった。また、すそ上げや縫製の内職でも、洋裁学校を出ているから難しい仕事を任されていて、ほかの人よりも単価が高いことなどを美恵子さんは聞かされている。そして「内職やけど馬鹿にならん。何ぼ稼いでるかお父さんには言うてないけど、ローン分くらいは稼いでるんやで」と、和子さんはよく言っていた。

美恵子さんも妹の多恵子さんも、和子さんのメッセージをきちんと受け取り、これらの話を泰三さんにすることはなかった。

和子さんは買い物の行き帰りには、近所の人とよく立ち話をしている。近所の人が遊びに来て夕方までしゃべっていくこともある。近所の人から頂き物のおすそわけや旅行のおみやげなどもよくもらう。

和子さんは「もらうばっかりはようないからな」と言っては、お菓子やお茶を自分で買って、「安かったんで」とか「たくさん買ったので」と言っては近所の人に配る。田舎から野菜や果物が送られてくると、自分の家用にはちょっとだけを残し、ほとんどを近所中に配っていた。

美恵子さんが高校生の頃、和子さんは家事を適当にこなしながら、近所のお母さん同士で花見に行ったり、芝居を観に行ったりもしていた。よく働き、よく遊ぶ、明るく元気で賢い母、友達が多くて近所の人にも好かれている母、というのが、その頃美恵子さんが和子さんに抱いていたイメージである。

母の意外な本音

近所の人と仲よくしていると思っていた和子さんがそうでもないと知ったのは、美恵子さんが社会人になってからである。職場の対人関係に悩む美恵子さんに、和子さんは「つきあいはほどほどにせな、深くなりすぎたらややこしいで」と言うのである。「お母さんは結構仲よくやってるやん」と言うと、「あんなもん表面的なつきあいや」と言う。そして「人は信用したらあかん」と言う。

以前から「誰々さんの娘はいいところに嫁に行ったと思われてるけど、旦那さんがケチでものすごく苦労しているらしい」とか、「誰々さんのご主人は外に女性がいるらしい」などという近所の噂を仕入れてきては、「人はわからんな」というのが口癖だった。

美恵子さんはそうした噂話を好ましいとは思わなかったが、母が近所の人と仲よくしているから、近所の人に信用されているから情報が集まってくるのだと思っていた。

母が仲よくしている人の名前をあげて、「お母さんは、あの人は信用してるんちゃうの」と聞くと、「向こうが信用してくるねん。私の口が堅い思ってるんやろね。あの人は口が軽いから、私は用心しながらつきおうてるけどな」と言う。そして「相手を見て話をせんならん」「自分のうちのことはペラペラしゃべったらあかん」と言うのだ。

しかし、その和子さんが泰三さんの悪口を近所の人たちにしゃべっているのを美恵子さんは知っていた。

誰にでも何でもペラペラ話すなと言いながら、対人関係がうまくいかないと悩む美恵子さんに、「あんたは秘密主義やから人とうまくいかへんのや、私みたいに何でも話したら人は寄ってくる」などと言う。美恵子さんは「お母さんこそ信用できへんわ」と心の中で呟く。

都合が悪くなると怒る母

高校受験のとき、美恵子さんは私立単願にするか併願にするかで迷っていた。和子さんに相談すると「公立に行ってくれたほうが助かるな」と言う。では併願にすると言うと、「併願にして公立落ちたら、レベル低いところに行かんならんな」と言う。そう言われて不安になった美恵子さんが「公立のランクを一つ落としたほうがいいかな」と言うと、「あんた、ホンマに気弱やわ」と言う。こうなると美恵子さんはどうしたらいいのかわからなくなる。

最終的には教師のアドバイスもあり、最初に決めた組み合わせで併願することにしたのだが、そう決めたと伝えると「だからグチャグチャ考えることない言うたやろ。ホンマ手かかるわ」と和子さんは言う。

中学生の美恵子さんは手がかかると言われて、母の手をわずらわせた自分が情けなく恥ずかしい存在のように感じられたのを記憶している。こういう気持ちは美恵子さんにとってなじみの感覚となっている。

短大に進学するにあたって和子さんは「文学部みたいな役に立たんとこ行ってもつまらん。栄養士か保育士になれるようなところに行き」と言っていた。そう言われて栄養士への道を選んだ美恵子さんだったが、同じ短大の英文科に通う美恵子さんの友人を見た和子さんが、「やっぱ英文に行こう思う子は雰囲気が違うな。栄養士みたいな実学に行っている子よりお嬢さんっぽいわ」と言うのである。「お母さんが栄養士になれ言うから」と言いたいのを飲み込んで「そうかもしれんな」と言うと、「あんたは栄養士になろう思ってるけど、英文に行ってる子みたいな雰囲気も身につけや」などと言う。「そんなんできんわ」と言うと、「あんたならできるって」と、何を根拠にしているのかわからないが言う。

短大を卒業して給食センターに勤め始めた美恵子さんだったが、仕事は結構大変だった。一番若い美恵子さんが栄養士として年配の調理員に指示をしなければいけなかった。

若い子が来たと歓迎してくれた調理員さんたちだったが、美恵子さんの指示を「今まではそうやっていなかった」などと、なかなか受けいれてくれない。

家に帰って仕事の難しさを話すと、和子さんは「あんたが毅然としてないからや」と言ってみたり「調理員さんの心をつかむのも仕事のうちや」と言ってみたりする。最初は「そうか」と思ってそのようにしてみるのだが、うまくいかない。それで「毅然としてみようと思ったけど、あかんかったわ」と言うと、「あんたみたいな若い子が毅然とするなんか十年早いわ」と言う。

そういうことが重なり、あるとき「お母さんが年長の調理員さんを立てろと言うからやってみたけど、よけい偉そうになるだけで、何も変わらんかったわ」と言ったところ、「人のせいにせんといて」と和子さんは烈火のごとく怒った。

そのことがあり、美恵子さんは和子さんに仕事のことを相談するのはやめようと思ったのだが、「この頃どうなん?」と和子さんのほうから聞いてくる。「まあ何とかいけてるわ」と言うと、「そう思って安心しているときが一番危ないんやで」などといやなことを言う。「どうして?」と聞くと「経験したらわかるわ」ともったいぶる。だんだん美恵子さんはこうした母とのやりとりに疲れてくる。

母からの細かいチェックと、役に立たないアドバイス

仕事に疲れていた美恵子さんは、高校生や短大生のときには気にならなかった母の小言を次第に不快に感じてくる。脱いだ靴がそろえてなかった、バッグがリビングに置きっぱなしになっていた、洗面台にピンが落ちていた、などの文句がうるさい。洗濯をしてくれるのはありがたいが、「あんた、あんなパンツいつはくんや」とか「あのブラジャー高そうやな、何ぼしたん」などと下着のことにまで口を出してくる。それがいやで自分で洗って、自分の部屋に干していると、「家族に見られたらあかんもんでもあるのか」と言う。

洋服についても洋裁学校出の自負があるのか、うるさい。新しく買ってきた服を着ていると、めざとく見つけて「その色あんまり似合わへんな」と言ったり、「その形流行みたいやけど、品がないな」などと言う。いいことは言わず、悪いことだけ言う。そして、とにかく口うるさい。

美恵子さんが家で料理をすると、そばに来て、きゅうりの切り方から、だしの

素の量まで文句を言う。たまりかねた美恵子さんが「私はプロなんだからほっておいてちょうだい」と言うと、「給食センターのプロやろ、家庭料理のプロとは違う」と言う。それでいながら出来上がったものを味見して「おいしいわ。さすがにプロやね」などと言う。上げたいのか下げたいのか、ほめたいのかけなしたいのかわからない。

いずれにせよ、母と話しているといやな気持ちになってくる。細かいチェックも、仕事への役に立たないアドバイスも美恵子さんをうんざりさせる。そのうえ、最近では近所の人があぁ言っていた、こう言っていたと圧力をかけてくる。「裏の町田さんが、この頃おねえちゃん派手になったね、言うてたで。少し服装に気をつけたほうがいいんと違うか」とか、「酒井さんに、結婚まだか聞かれたわ。何の話もないとはよう言わんから、いろいろお話はいただくんですけどね、と言うといたよ」などということである。

いずれも本当かどうかわからないし、他愛がないと言えば他愛もないことなのだが、美恵子さんは気分が悪い。服装が派手になったと思っているのは和子さんであり、そろそろ結婚をと思っているのも和子さんだということが美恵子さんにはわかる。わかっているが、「そう思ってんのはお母さんでしょ」と言って逆鱗《げきりん》に触れた経験があるので何も言わない。

都合が悪くなると怒る和子さんを卑怯だと思うが、いったん怒ると何日も口をきかなくなるので、なるべく怒らせたくないという気持ちが働く。そうやって美恵子さんが気持ちを抑えていることに気づいていないのか、和子さんは「あんたはおとなしすぎるわ。も少し自分の意見も言えるようにならな、仕事もうまくいかへんで」と言ったりする。「自分の意見を言ったら怒るくせに」と思いながら美恵子さんは、毎日「あー、うっとうしい」と心の中で叫ぶ。

娘が母親を相対化できれば、今よりずっとラクになれる

娘の母への承認欲求

ここまでに六人の娘たちを紹介してきたが、どの娘も無理と思いながらも母に変わってほしいと願っている。その願いの共通点は、**母親に自分を認めてほしいという承認欲求**である。

EPISODE3で紹介した美智子さんの場合も、関心をもってほしい、愛されていることを実感させてほしいという願望、「ここに私がいることに気づいて」という願望であり、承認欲求の一つである。それが満たされないと感じたとき、美智子さんは実家との連絡を断つ。

美智子さんの場合は親からの連絡は拒絶していないので、縁を切ったと言い切れな

いが、EPISODE1で紹介した遼子さんのように親との連絡を全く断っている女性もいる。遼子さんは自分を頼ってくる母から逃れ、美智子さんは強い母から逃れている。これ以上傷つきたくないという思いと母親に対する抗議のような気持ちもある。

美智子さんの母も遼子さんの母も追ってはこないが、いつまでもどこまでも娘を追ってくる母親もいる。逃れたいと思いながら逃れられない娘もおり、いったんは逃れたものの、自身の病気や離婚、親の老いや病気などで再び母親のもとに戻らざるを得なくなる娘もいる。ある程度逃れられてもすっかり逃げ切れる娘は少ない。

娘たちは母親との関わりの中で、愛しさや懐かしさ、うっとうしさや腹立ち、苛立ちや不快感、罪悪感や承認欲求など複雑な感情を抱える。ときにはパニック発作やうつなど母親との関わりに端を発した症状を抱える娘もいる。何とか母親に変わってほしいという願いから、あるいは過去の恨みから母を罵り続ける娘もいる。

母との関係に苦しむ娘の状況を、四つの象限で表すと……

母と娘の関係を四つの象限で表すと、EPISODE1の遼子さん、EPISODE2の秋子さんが苦しんでいたときの二人の母に対する評価は象限Ⅲにあり、EPISODE3の美智子さん、EPISODE5の多喜子さん、EPISODE6の美恵子さんの母に対する評価は象限Ⅳにある。

美智子さんと、美恵子さんは母親に変わってほしいと思っている。

多喜子さんの場合は、一言礼を言ってくれたらという程度であり、母親が変わることはほとんど期待していない。諦めていると言ったほうがよいかもしれない。

EPISODE4の聡子さんの場合は、自分に依存しないでと思いながらも、母を弱い人とは思えない。聡子さんの人生に介入してくる、決して自分のやり方を変えようとしない強い人に見えている。秋子さんの母みどりさんほどわかりやすくはないが、世話をするという関わり方で依存してくる母恵子さんに、心理的に支配されているとでもいうような状況にある。

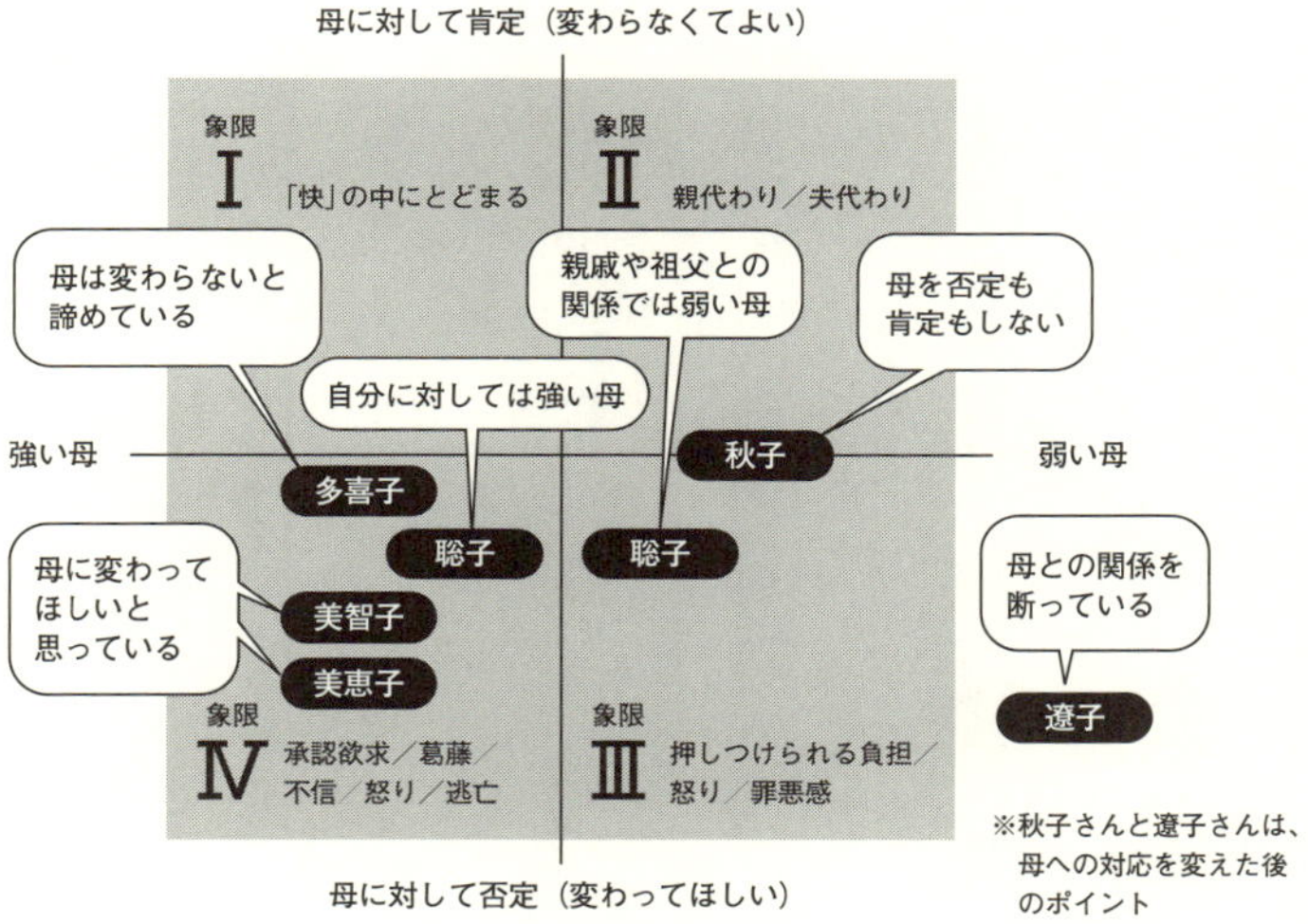

※秋子さんと遼子さんは、母への対応を変えた後のポイント

それぞれの母娘関係を四つの象限にポイントをとると上図のようになる。

聡子さんの場合は、親戚や祖父との関係では母は弱く、自分との関係では強いというふうに二つポイントをとるかもしれない。

お気づきのことと思うが、全てのポイントが横軸の下にある。母との葛藤を抱える娘たちはみんな母に変わってほしいと願っている。そしてそれが伝えられず、あるいは伝えても受けいれてもらえずに苦しんでいるのだが、母に変化を望んでも無理である。自分が変わるしかない。

EPISODE2で紹介した秋子さんはそう思い、罪悪感と戦いながら自分の行動を変えていった。そして現在、腹が立つこともあるが、母に変わってほしいという気持ちは基本的にはない。母親がどう出てこようが、自分のスタンスは変えないと決めている。

先日も長男（みどりさんにとっては孫）がケガをしたのだが、孫が心配だからと、病院にいる間にもかかってくるみどりさんからの電話を、秋子さんは無視し通している。「今は病院だから電話は後にして」と言うよりも、都合が悪ければ出なければいいと、今の秋子さんは思っている。

最初は抵抗していたみどりさんも、今では新しい生活様式を受けいれるようになっている。しかし、本質が変わったわけではないので、こちらが気を抜くとすぐにもとに戻ってしまう。それを知っている秋子さんは、今の母の状態を否定も肯定もしない。強いてポイントをとるなら、すぐに第Ⅲ象限に移動しそうな横軸の上にあると思っている。

EPISODE1で紹介した、母から逃げ関係を断っている遼子さんの場合は、変わってほしいも何もない。母を自分の心から放逐してしまっている。一人っ子である遼子さんは、そのうちに親の介護が起こってくるかもしれないとは思っているが、それはそのときのことと考えないようにしている。

「行動の四角形」と「ジョハリの窓」

この四つの象限は、親業の「行動の四角形」と、「ジョハリの窓」にヒントを得ている。

「ジョハリの窓」とは、人と円滑なコミュニケーションを進めるために考案されたコミュニケーションの分析モデルである。アメリカの心理学者ジョセフ・ルフト（Josepf Luft）と、ハリー・インガム（Harry Ingham）が考案し、二人の名前をとって「ジョハリの窓」と呼ばれている。

親業の「行動の四角形」は、次ページ図のような上下二つに仕切られた四角形である。上を受容領域と呼び、下を非受容領域と呼ぶ。

行動の四角形

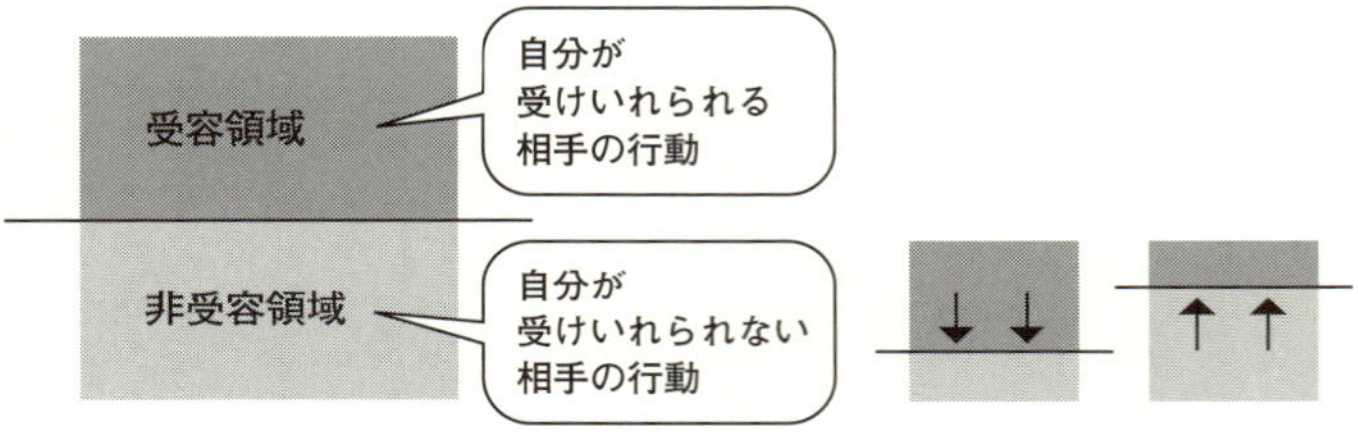

『Parent Effectiveness Training』（邦題『親業』）トマス・ゴードン著、大和書房

自分が受けいれられる相手の行動を受容領域に、自分が受けいれられない相手の行動を非受容領域に位置づける。

この上下を分ける線は、自分の状態と相手の状態、そして環境の影響を受けて上下する。同じ行動でも、時と場合と相手により、受けいれられたり、受けいれられなかったりすることが、この線の移動で示される。

この「行動の四角形」は自分が関わる全ての人との間にあり、ほとんどの行動が非受容領域にある相手との関係は難しいものとなる。

母と娘の関係を表す四つの象限の縦軸は、この「行動の四角形」にならって、四角の上半分を「肯定＝変わらなくてよいと思っている」領域とし、下半分を

「否定＝変わってほしい」領域とした。

しかし、秋子さんの例で言えば、父親が亡くなる前と亡くなった後のように、同じ「肯定」でも、娘の母に対する気持ちのありようが全く異なる場合がある。この思いの変化は、娘の母に対する「肯定―否定」以外のもう一つの評価の変化による。そこで、その評価「強い―弱い」の領域を分けられるように、もう一本の軸をとったのが、「母と娘の四つの象限」である。

この形と軸のとりかたは「ジョハリの窓」（次ページ図）にヒントを得ている。この四つの象限は「行動の四角形」同様、自分と関わる全ての人との間にある。そこで、この窓を私は**「関係の窓」**と名付けている。それぞれを「母との窓」「夫との窓」と呼ぶことで、自分と誰との関係を表しているかを示すことができる（167ページ図参照）。

さらにもう一つ「ジョハリの窓」からの連想で考えたのが、この四つの象限そのものの大きさを自由に変えることである。ジョハリの窓では、横軸に「自分にわかっていること／わかっていないこと」、縦軸に「他人にわかっていること／わかっていな

ジョハリの窓

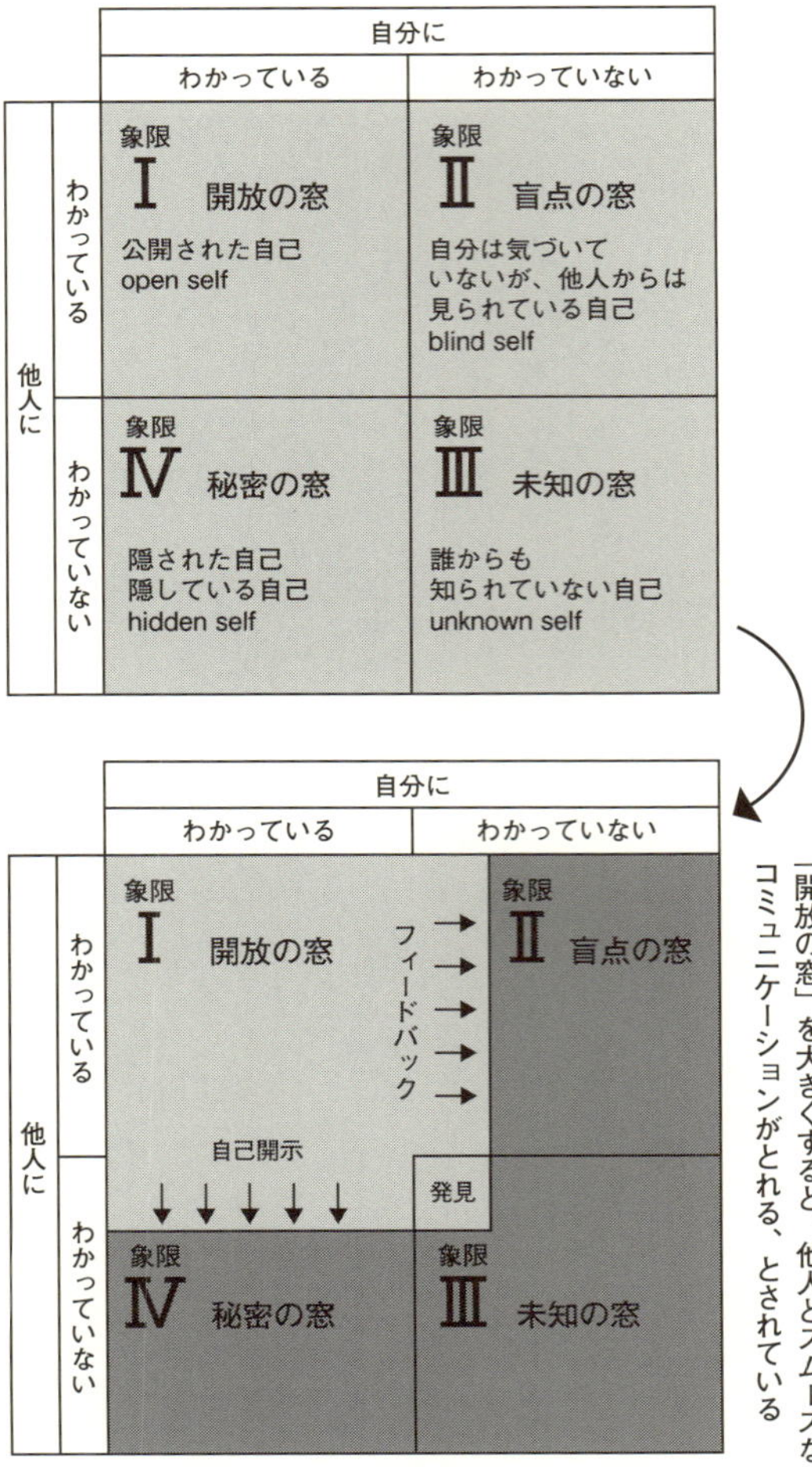

「開放の窓」を大きくすると、他人とスムーズなコミュニケーションがとれる、とされている

いこと」をとり、スムーズなコミュニケーションをとるためには、自分と他人の知っていることを増やし、「開放の窓」を大きくすることが重要とされている。

しかし、この開放の窓がいつでも大きければいいというものではない。自分を守るためには開放の窓を小さくしたほうがよい場合もある。つまり**横の軸の上げ下げが、時と場合に応じて、適切かつ自由にできることが、多様な人間関係を持つ際には重要**になってくる。それと同じように「母との窓」そのものの大きさを自由に変えることができたなら、母娘関係はずいぶんラクになる。母娘関係が苦しくなる大きな要因に母の存在の大きさがあるからである。

全ての親子関係は〝肯定〟から始まる

ＥＰＩＳＯＤＥ５で紹介した子どもの頃の多喜子さんがそうだったように、千代乃さんのような容赦ない母親でも、子どもは母が好きで、親の要求に合わせようと努力する。そして幼い子どもにとって母は万能である。

ある日、私が高齢のホームレスの女性と話し込んでいたときに、4、5歳の男の子が立ち止まり、その女性をしげしげと見て、「おばちゃん、お母さんおらんの」と聞いたことがある。子どもの目から見ても、その女性が困窮していることが感じられたのだろう。そしてこんなに困っているのは、お母さんがいないからだと考えたのだろう。「困ったときのお母さん」である。

幼い目には、お母さんは何でも知っていて、何でもできるように見えている。ホットケーキが焼けるのも、ケガをしたときの手当の方法を知っているのも、ボタンをつけられるのも、とにかく何でも子どもにとってはすごいことである。困ったことがあったら、お母さんが解決してくれる。おいしいご飯を作ってくれる。すごくいやなことがあっても、お母さんに抱かれるとだんだん気持ちが落ち着いてくる。これらが幼い子どもの目に映る母親の肯定的な側面である。

念の為に書き加えておくが、母親が作る食事が本当においしいかどうかは関係がない。子どもはそれしか知らないのだから、それが一番なのである。

これに対して、子どもにとっての母親の否定的な側面は、万能がゆえの恐ろしさである。睨まれると怖いし、怒られると怖い。母親は、子どもを家から締め出すことも、ご飯はなし、などと決めることもできる。そう決められたら、子どもは泣いて謝るしかない。子どもは母親に生殺与奪を握られている。

それだけではなく、母親は子どもが言われたことを言われたとおりにきちんとしているかを常に監視する人でもある。怒られるのが怖くてついた嘘も、すぐに見破られる。**優しくて大好きだけれど怖い人というのが、3、4歳頃までの子どもにとっての母親**である。

もちろん、既にこの年齢から母に本当のことは話さなくなっていたという人もいるし、乳幼児のときから虐待を受けていたという人もいる。そうした気持ちや経験を語れるようになるまで、子どもたちは、自分が悪いから、自分がきちんとしていないから親は怒るのだと解釈し、何とか親に嫌われないようにと行動する。親に本当のことを話さないのも、親に怒られないため、親に嫌われないためである。基本的に全ての母娘関係は象限Iから始まる。

娘にとって厄介なのは、こうした幼い日の記憶が残っていることである。母親をすごいと信じていても、小学五、六年頃には、世の中にはもっとすごいお母さんがいることを知ったり、自分の親にも欠けたところがあることに気づいていく。

それでも、母は依然として監視する人であり、何かあると怒る人であり、怒られると幼い日ほどではないにしても、やはり恐ろしく、重苦しい気持ちにさせられる。母親から疑い深い目で見られたら、何の隠し事もないのに、何か後ろ暗いことがあるような気分にさせられる。**母親がどうやって自分の首根っこをつかまえていたかがわからないと、いつまでたっても、子どものときの気分から抜けられない。**

大きすぎる母の存在を小さくする方法

さきほども述べたが、私はこの二人の人間の二つの軸で形成された世界のことを「関係の窓」と呼んでいる。生まれたばかりのときは「母との窓」しかなくても、成長するにつれて、母以外に仲のよい「友人との窓」ができたり、「職場の人との窓」ができたり、結婚をして「夫との窓」ができたり、子どもが生まれて「子どもとの

母の存在が大きい場合

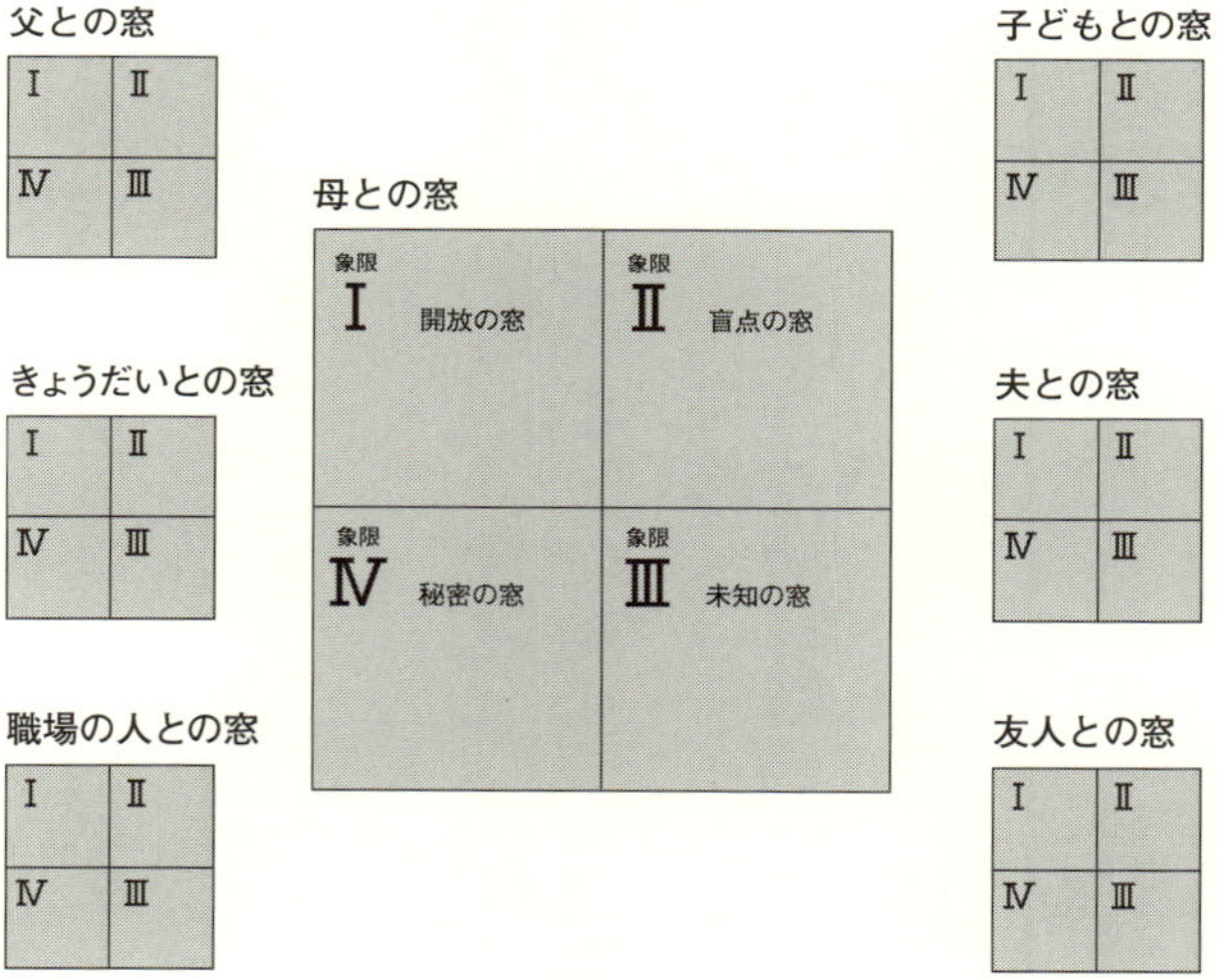

窓」ができたり、というふうにいろいろな人と関係が作られていく。

それらの窓がどれも同じぐらいの大きさなら、「今日は会社で約束してきたから、ご飯は食べてくる」と言うことに何の葛藤もないが、母との関係に悩む娘の場合、母との窓が大きすぎて、ほかの人との窓を優先させることができない。ほかの人との窓を持つことさえできない場合がある。

母親が死ぬと言い始めたとき

落ち込みの壺

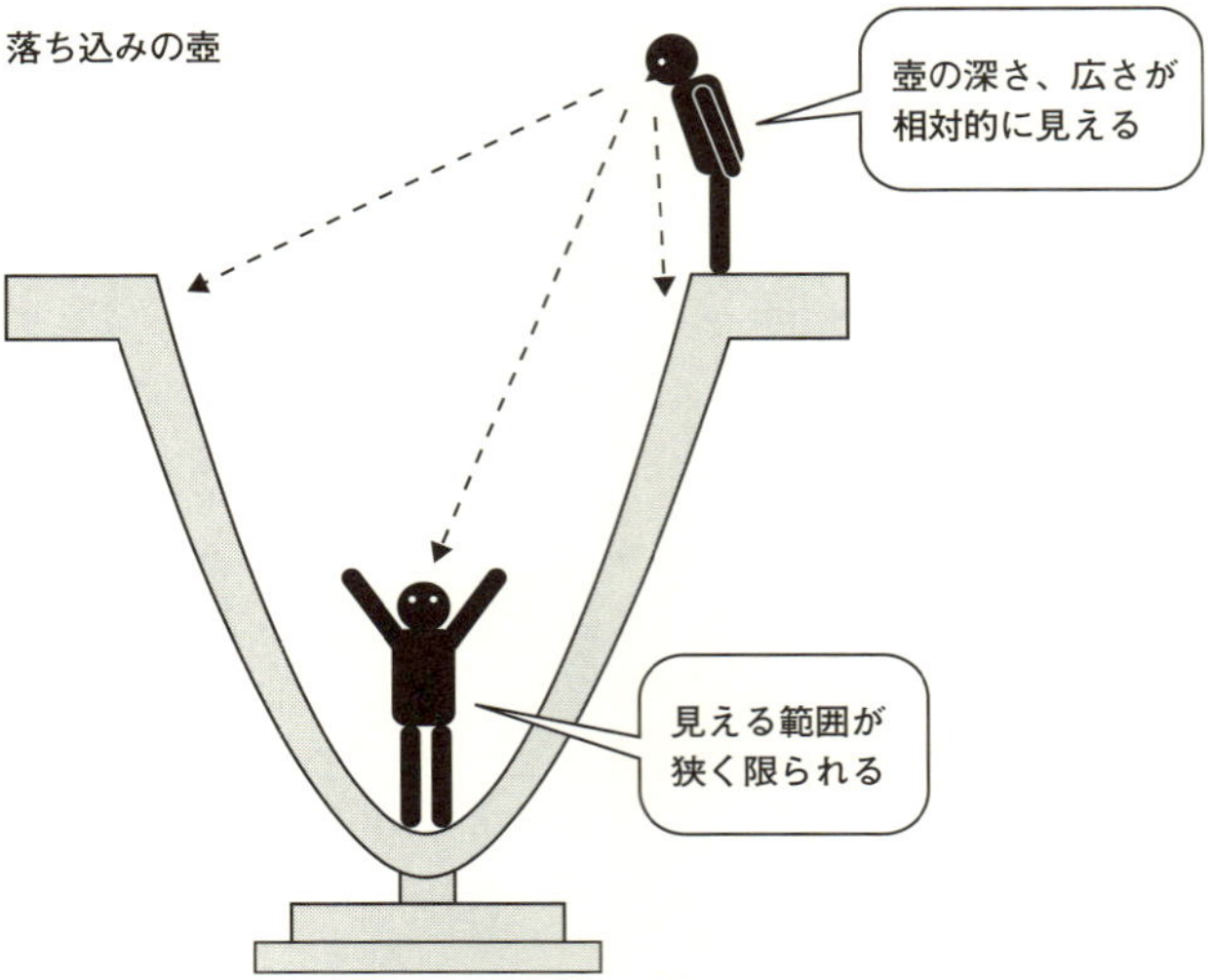

の秋子さんを思い出してほしい。その頃の彼女には、夫もいて子どももいた。しかし彼女の心は「母との窓」で占められていた。この「母との窓」を小さくすることが秋子さんの戦いであった。

　ではどうやって「母との窓」を小さくしたらよいか。その方法が「**相対化**」である。**自分と母との葛藤をちょっと距離を置いてみる。自分は母の何をどのようにいやだと感じているのか、またそれはなぜなのか、自分が感じている葛藤を距離を置いて眺めてみる**のである。

私がこの「相対化」を説明をするときによく使う「落ち込みの壺」という絵がある。この壺の中に入ってもがいているときは、いったいこの傾斜が何度で、壺の深さや広さがどのくらいあるのかは見えない。しかし、壺の縁に上がって覗き込んでみれば、壺の深さも広さも見ることができる。そうすると、そこでもがいている自分のもがき方も、上に上がれるか上がれないのかもわかってくる。

こうして自分自身を客観的に眺めてみる作業が「相対化」である。自分と母との葛藤を文章にしてみる、あるいはグループで話す、カウンセリングで話すという行為がこの相対化に役立つ。

こうした作業を通じて、何を考えているかわからない、理解を超えた大きな存在である母を等身大の女性として見ることができるようになる。

最初は自分と母との関係について、辛さ、しんどさを話すだけで精一杯だが、話しているうちに、どうして母はあのときあんなことを言ったのだろうとか、なぜ母はいつもいつも○○と言っていたのだろう、という疑問を持つようになる。

母が言う答えをそのまま受けいれていたそれらの疑問を違う目で見てみる。たとえば、いつもの口癖の裏にあるメッセージは何かを考えてみる。

EPISODE2で紹介した秋子さんの母みどりさんが言う「お母さんが〇〇してお いたからね」に隠されたメッセージが、「あなたは一人では、何もできない子なのよ」だったというのは、秋子さんの気づきである。

また、EPISODE4で紹介した聡子さんの母恵子さんがいつも「おじいちゃんがいるから」と言って旅行に行かなかったのは、本当にそうだったんだろうか。一泊やそこらであれば、おばたちに頼めなかったんだろうかなどと考えてみると、違った景色が見えてくる。あるいは、謎の部分があることに気づく。

そうやってジグソーパズルを埋めるように母のストーリーを埋めていくことで、今までと全く違った母親像が見えてくることがある。

母のストーリーを知ることは、母を許すことにつながるとは限らない。理解して、なお許さないことも可能である。**母を理解しようとする作業は、自分を母娘関係のくびき（縛るもの。自由を妨げるもの）から解き放つための作業**である。

CHAPTER

3

母が娘を苦しめてしまう理由

女性が社会から受ける「結婚」と「子産み」の圧力

同じ女性でありながら、なぜ母は自分を理解してくれないのか、なぜ自分を傷つけるのか。このCHAPTERでは娘たちの疑問に答えるために、一人の女性としての母たちのストーリーを、CHAPTER1、2で紹介した娘たちに対応する形で紹介する。

登場する母たちは、私が母娘関係の講座で、あるいはカウンセリングで出会った女性たちが語る母であり、さまざまな問題を抱えてカウンセリングルームを訪れる女性たちである。CHAPTER1、2で紹介した娘たち同様、よく見られる例を組み合わせた架空の人物である。

母たちのストーリーを紹介する前に、まずは、なぜ母が娘を傷つけるようなことをしたり言ったりするのか、その理由を女性が社会から期待される役割という視点から説明する。社会が求める女性の役割を理解してからのほうが、母たちのストーリーをより深く理解できると考えるからである。

母親たちの口うるささの理由

ＥＰＩＳＯＤＥ６で紹介した美恵子さんが、口うるさい母和子さんに感じるようなうっとうしさを、自分の母親に感じている娘は少なくない。母親の言うことは矛盾だらけなのだが、娘にはその矛盾を指摘することができない。それどころか、矛盾に気づかない場合さえある。同様に、いやなことばかり言われてもそのことを指摘できない。当然ながら怒ることもできない。不愉快そうな顔をしてみせるのが精一杯である。

ＥＰＩＳＯＤＥ５で紹介した辛辣な母親に育てられた多喜子さんのように、「自分が悪い」と考えている娘もいる。不快を感じながら、母親の言葉の意味を汲み取ろうとする娘もいれば、どうやったら母親が自分がいやがることを言うのをやめてくれるだろうかと考える娘もいる。美恵子さんもそうだった。

あまりのうるささに「わかってるよ」と言うと、「わかっているなら、わかっているようにしなさい」と、さらにうるさく言われる。「感じ悪いことばっかり言わないでよ」と言うと、そこにこそ親のありがたさがあるのだと言わんばかりの口調で、「親だから言うのよ。他人は言ってくれないでしょ」と言われる。この程度の抗議では、和子さんのような母はびくともしない。

和子さんと同じような母を持ち、「親の忠告に反感を感じる私は性格が曲がっているのでしょうか」と相談してきた女性がいるが、母親の口うるささは娘の反感をかうだけでなく、娘を自己否定の檻に縛りつけもする。

母親たちの口うるささの理由の一つに、彼女たちが世話役割を担ってきたこと、そのために自分を問う習慣を持てなかったことがあげられるが、それを理解するためには、女性が社会から何を期待されているかを知る必要がある。

社会が女性に期待する役割

性別役割の代表とされる考え方に、「男は仕事、女は家庭」というものがある。男性に期待される役割は稼ぐことであり、女性に期待される役割は家庭に入り家庭の運営に専念することとする考え方である。

この場合に使われる役割という言葉は、一定の社会的な地位あるいは立場に結びついた行動への社会的な期待を指している。この立場にある人ならこう振る舞うべきだという社会的な合意のようなものであり、その人自身がこういう役割を果たしたいと考える主観的な役割とは異なる。

また役割期待とは、その人と関わりのある人がその人に抱く期待や信念であり、その人の果たすべき権利や義務が含まれている。夫ならこうするべき、妻ならこうするべきというようなものと考えたらわかりやすいかもしれない。

社会が女性に期待している最も重要な役割は「母になること」つまり子どもを産むことである。そしてそのためには誰かの妻になることが期待されている。

「早くかわいい赤ちゃんの顔を見せてください」という言葉が結婚式でのスピーチで語られるように、「結婚」と「子産み」とはセットになっている。結婚せずに子どもを産むことに対して、私たちの社会は非寛容であるために、妊娠をきっかけに結婚を決断するカップルも少なくない。

「結婚」と「子産み」のセットには、さらに「幸せ」のイメージが付け加えられる。

結婚は恋の成就であり、愛に満ちた幸せな生活の始まりであるとして、結婚をめぐる消費には幸せのイメージが散りばめられる。そしてそれらがマスメディア等の媒体を通じて女性たちのもとに届けられる。芸能人の結婚式は大々的に報道され、今では少数派になりつつある夫婦と子ども二人という家族が、商品のポップでもコマーシャルでも、モデルとして使われる。

「家族」とか「家庭」という言葉がどれほど氾濫しているかは、敏感な人でないと気づかないのだが、結婚できない女性や子どもを産めない女性たちは、こうした社会のありように苦しめられる。

結婚に関する意識調査で「結婚したいとは思わない」「適当な人にめぐりあわなければ必ずしも結婚しなくてもいい」と考える人が少しずつ増えてはいるが、役割期待に基づく「結婚圧力」や「子産みの圧力」は、今もなお強い力を持っている。

そのため、**娘に「人並み」であってほしいと願う母親が、最大の「結婚圧力」「子**

産みの圧力」となる場合すらある。「結婚したくない」娘にとっても、「結婚したいけれど、なかなかその機会にめぐりあえない」娘にとっても、母親からかけられる圧力は重苦しく、その圧力から逃がれるために結婚したという女性も少なくない。

子育て中の母親が強いられる「自分のため」がない生活

私たちの社会における「結婚圧力」「子産みの圧力」について述べてきたが、子産みの後には当然ながら「子育て」がある。**私たちの社会では「子育て」の責任は母親にあるとされている。**

その「子育て」がどういう業かというと、もし自分一人で子どもの成長に必要なことを全て担おうとしたら、とても果たせないほどの仕事である。そのために夫が稼ぎ、妻が具体的な世話をするという役割分担が行われているとも言えるが、夫が稼いでさえすれば妻一人だけでも子育ては可能かというと、これもまたとても困難なこと言わざるを得ない。実家の母親に手伝ってもらったり、ときに夫に頼んだりしながらではあっても、多くの若い母親たちがこの役割を一人でこなしている。

この場合、母親である女性は自分のことは何もできない。それどころかゆっくりと食事をとることも風呂に入ることもトイレに入ることもできない。

子育て講座で若い母親たちに「何をしたいか」と問うと、「落ち着いて食事をしたい」「途中で起きないで朝まで寝たい」「邪魔をされずにドラマをみたい」などという答えが返ってくる。そういうこともできないのが子育て中の母親である。夫が休日出勤をせざるを得ない状況にあったため「子育て中は歯医者にも美容院にも行けなかった」という女性がいるが、**「自分のため」がない暮らしをせざるを得ないのが、子育て中の女性**である。

女性が幼少期から受ける他者優先トレーニング

傍若無人で待ったなしの子どもの世話を優先して「自分のため」がない生活。子どもが泣いたら、騒いだら、転んだら、何を置いてもとんでいく生活。こうした生活を可能にしているのは、**自分のことを二の次、三の次とする行動様式**である。

フェミニストカウンセリングでは、能力と呼んでもいいようなこの行動様式を**「他者優先」**と呼んでいる。この行動は母親になれば誰でもが自然にできるというものではない。女性たちは子どものときから、こうした行動が自然にとれるようにとトレーニングされているのである。

トレーニングの一つがお手伝いである。テレビを見ていても、勉強をしていても、「ちょっと」と呼ばれ家事を手伝わされる。自分だけが手伝わされ、兄や弟には手伝いが要求されなかったという女性は珍しくない。こうしたことは家庭だけで行われるのではない。学校でも職場でも行われ、他者のニーズのために自分のニーズを中断させることを女性たちは学んでいく。同様に、誰かのニーズと自分のニーズとが拮抗するとき、女性は我慢をする側に位置づけられる。そして他者のニーズを優先して自分の欲求を抑えることを学んでいく。

「兄が私学に進学し下宿をしていたので、私は地元の公立以外はダメだと言われた」「休みのときに弟の行きたいところと私が行きたいところが違うと、いつも私が我慢させられた」「兄が受験のときは私までテレビを我慢させられたのに、私が受験のときは兄はテレビを見放題だった」などという体験がグループで語られる。

他者を思いやれること、他者のニーズを読み取れること、他者のニーズを満たすために行動できることが、女性として好ましい資質とされ、こうしたトレーニングが行われる。拒否すると「わがまま」「自分勝手」「優しくない」という非難が返ってくる。この非難もまたトレーニングの一環である。

結婚にも他者優先が必須

この他者優先の姿勢は、子どもを育てるために必要なだけではない。子どもを産むためにも、つまり結婚をするためにも必要な資質である。

女性が結婚するためには、誰かにプロポーズをしてもらわなければならない。実際には自分から結婚してくれという女性もいるが、幸せな結婚のイメージには意中の人からのプロポーズが必須である。近年ではどれだけ「サプライズなプロポーズ」がされたかが取りざたされ、それもまた「幸せ」に必要な道具立てとなっている。

意中の人からプロポーズされるというのは、そんなに簡単なことではない。相手に「この人と結婚したい」と思わせなければならないからである。

「この人と結婚したい」と思いながら、自分ではなく相手にそれを表明させるためには、まず自分自身が相手の好みのタイプにならなければならない。

気が合うと思う相手でも異なるところがあるものだが、「この女性とは合わない」と思われると、結婚に持ち込むことができなくなる。そのために決定的な対立は避ける。心の中で「いやだな」と思っても言わずに済ませる。相手が「こうしてくれ」と言ってきたら、少々意に沿わなくても相手に合わせる。

男性の友人には正直な自分を出せるが、好きな人には出せないという女性は珍しくない。欲求をありのままに口に出すことは「女らしくない」行為であり、相手がそれをどう感じるかわからない。嫌われたくない、図々しい女だと思われたくない、かわいいと思われたい等々の思いが女性の行動を不自由にする。

正直な自分のままでプロポーズされたという人もいるが、小さな考えの違いなどあえて口に出さずに済ませていることもあるのではないだろうか。

恋愛結婚がほとんどの現在、まだ見ぬ人に「結婚したい」と思わせるためには、まず、「この女性とつきあいたい」と思わせなければならない。そのためには男性から見て魅力的な女性に自分を形作らなければならない。

男性がつきあいたいと思うような魅力的な女性とはどのような女性なのか。少女たちは雑誌で、漫画で、恋愛映画でそれを学んでいく。このとき、彼女たちが惹きつけたい対象は、結婚の対象となりうる男性全員の中の誰かであり、具体的な誰かではない。

結婚に関する意識調査では、女性は結婚対象に経済力を期待し、男性は結婚対象の容姿容貌に重きを置いている。理想の男性に出会い、つきあい、結婚できるように、より多くの男性に好まれるようにと少女たちは自分を形作っていく。女性が自分の容姿容貌を磨くのは、結婚という目標を考えると合理的な行動と言える。

「結婚」と「子産み」が「幸せ」とセットになっている現在、幸せになるためには、結婚が必須であり、そのためには恋愛が必須であり、そのためには男性の関心をかうことが必須である。若い女性たちがこう考えて自分磨きをしているとも思えないが、深層にはそうした欲望がある。

心理学者の小倉千加子さんによると「結婚したい女性」のタイプの3Kは「かわいい」「軽い」「家庭的」だそうである。近年ではそれに経済力のKが加わり4Kになっているとのことだが、自分磨きをして「つきあいたい女性」になったとしても、さらに「結婚したい女性」になれなければ意味がない。つきあいたい女性と思われるためには容姿容貌が重要であり、結婚したいと思われる女性になるには、さらに4Kを満たす必要がある。

そこには職業的達成は必要ない。むしろ職業的達成は、結婚による幸せの妨げになるかのようなイメージさえある。女性の職業的達成と家庭的不幸とを結びつけたドラマや映画はいくらでもあり、こうしたものを見て育った女性たちは、いとも簡単に職業を捨て、結婚生活へと入っていく。**現在の社会は、女性が職業的野心を燃やすよりも結婚に野心を燃やしたほうが、はるかに効率もよく達成も可能**である。

女性たちは自分が結婚したい女性に見られるべく「かわいくて、軽くて家庭的」な女の子を演じる、あるいは目指す。この三点セットは女性誌の定番「ファッション、コスメ、ダイエット、グルメ」にも符合している。

ここまで述べてきたことで、女性が社会から何を期待されているかを理解していただけたと思う。

次に、結婚のために退職し、我慢を強いられる家庭に嫁いだことで感情を持つことをやめてしまった女性と、他者を優先させるために自分の夢を断念し、成長をとめてしまった女性のエピソードを紹介する。

EPISODE 7

自分の人生を生きられなかった女性

（聡子さんの母、恵子さん）

結婚に伴う職業的達成の断念

ＥＰＩＳＯＤＥ４で紹介した聡子さんの母恵子さんは、職業的達成を断念させられて結婚し、結婚後も我慢を強いられる生活をしてきた。

中学校の英語教師として長野県で働いていた恵子さんは、遠縁にあたる聡子さんの父親、山崎隆さんと見合いをし、25歳で結婚している。結婚したら大阪に住むことが決まっていたために、結婚の半年前に退職。大阪に嫁いでいる。そして結婚五年後に隆さんの両親と同居する。

気が進まなかったが、その頃の恵子さんには、夫の父親からの要請を断ることなど思いもよらなかった。古風で頑迷な義父は、何かにつけうるさく、子どものしつけにも口を出した。女が反抗的な口をきくことも、自分の指示に従わないことも許さなかった。息子の妻である恵子さんに手を出すことはなかったが、食事の支度が遅かったり、お酒の準備ができていないと、自分の妻を怒鳴りつけ、ときに殴った。

恵子さんの父親は民主的な人で、恵子さんたち娘にも男兄弟と同等の教育を与えてくれた。その父が、隆さんとの結婚を迷っている恵子さんに、「どうしてもいやというのでなければ、山崎の家に行ってくれ」と頭を下げた。中に立った人に義理があったのである。父親を尊敬していた恵子さんは、父親が望むならと、中学校を退職、大阪に嫁いでくる。

大阪弁にはなじみにくかったが、近隣の人とも親しくなり、二人の子どもにも恵まれる。盆と正月には必ず義父母の家に挨拶に行き、給与に見合わない高額なお金を渡すことに不満は感じていたが、最初の五年間の暮らしはそれなりに幸せだった。

長女を産んだ直後に、義父が「次は男やぞ」と言い、次女が生まれたときには「また女か」と見にも来なかったことが恵子さんには許せなかったが、夫の隆さんに話しても何の反応もなく、義父に何かを言うことはなかった。恵子さんが、夫は頼りにならないと思った最初の出来事である。

その後、義父から同居の要請がある。「オヤジが同居するように言うんだけど、かまわないかな」と言う隆さんに、恵子さんは「私からは断れない」と答える。隆さんが断ってくれることを期待しての返事だったが、そうはならなかった。

その話があって二カ月後に、隆さんが、「オヤジが僕らが住む家を別に建てると言うから帰ることにしたよ」と言う。不満はあったものの、同じ屋根の下じゃないのだからと自分に言い聞かせ、隆さんの選択に従う。もし隆さんが同じ屋根の下で暮らす同居を選んだとしても、このときの恵子さんには逆らうことはできなかったのではないかと思われる。

同居して、自分の父親とはあまりに違う義父の暴君ぶりに、恵子さんは嫌悪を募らせていく。そうでなくても乳児を連れての嫁役割は大変だった。同居し始めてからの二、三年は恵子さんにとって最も辛い時期だった。

聡子さんが産まれてしばらくして、義父が自分たちが離れに住むので、隆さん夫婦に母屋に来るようにと言い出した。手狭になることを理由に、ほかに家を借りたいと思っていた恵子さんだったが、このときも思うようにはならなかった。

母屋に移った恵子さんは「とうとうこの家から逃がれられなくなった」と感じたのを覚えている。絶望的な気持ちだった。

夫の不甲斐なさへの絶望

聡子さんが小学三年になったとき、夫の隆さんが名古屋転勤となる。このとき長女と次女は大阪市内の中高一貫校に進んでいた。恵子さんはその学校をやめさせてでも、隆さんについて行きたかった。というよりも、隆さんの転勤を機に家を出たいと強く願ったのだが、どこかで「無理だろうな」と冷めた気持ちもあった。そして恵子さんの予想どおり隆さんの単身赴任が決まる。

このとき義父は、娘たちの教育のために残れと言ったのではない。「山崎家はこの場所を動くわけにはいかん」という理由にもならない理由で「山崎家の子どもたちを、ここ以外で育てるわけにはいかん」と主張したのである。その言葉に恵子さんは、女の子ばかりと喜びもしなかったのにと、義父の身勝手さに怒りを感じる。家族がバラバラになってでも土地を離れるなという義父の主張に対して、またしても隆さんは何も言わなかった。さらには長女や次女を転校させるよりも、残ったほうがいいだろうと恵子さんに告げたのである。このとき恵子さんは夫にも絶望する。

しばしば義父母に会い来る夫の姉や妹は、隆さんの転勤を知っても「家族が離れないほうがいい」とは言わなかった。「引越しは大変よ」とか「転校は子どもたちにも負担になるしね」と、暗に恵子さんたちが残ることを勧める。義姉妹のずるさが感じられた。このときに恵子さんは誰にも頼らないし、誰にも文句は言わせないという決意をする。

いつも自分がイライラしているという自覚はあったが、それは頑迷で品がなく差別的な義父のせいだと思っていた。義父さえいなければ、隆さんがもう少し親に逆らうことができれば、というのが、恵子さんがしばしば考えることだった。

夫の不甲斐なさに腹が立ったが、考えてもしかたがないとも思っていた。考えると自分でもどうしようもない感情にとらわれ、その感情を持て余すので、なるべく考えないようにしていたが、自分に収入さえあればという気持ちは、何かがあるたびに沸き起こっていた。結婚とともに職業を捨てたことへの後悔もあり、結婚を勧めた父を恨む気持ちもあった。

義父母の顔を見ないで済む方法

家族の居場所である茶の間には、いつも義父母がいた。できれば、恵子さんは二人の姿を見たくなかった。自分たちの家に戻ってくれというのは、義父に攻撃の口実を与えるような気がして言えない。また自分が出かけるにしても、義父に「どこに行くのだ」という質問の機会を与えるようで言えなかった。義妹や義姉に自分がよく出かけていると思われるのもいやだった。

この頃の恵子さんは外出しても楽しいという気持ちにはなれなかった。子どもたちと一緒に山に行かないかと誘う隆さんに対して、「私が出かけられないのは、あなたの親のせいなのよ」という思いを込め「おじいちゃんたちがいるから」と断るのが、恵子さんの精一杯の抗議の形だった。

家にいながら義父母の顔を見ないで済む方法は台所に立つことだった。台所にいれば、二人には背を向けていられる。立っているのに疲れたら、作業用の小さなテーブルに座ればいい。何もせずにそこにいることはできなかったが、少し手間のかかる餃子を作ること、栗の皮をむくことなどなら座ってできる。恵子さんは日がな一日台所にいるようになる。

義父母は食費をわずかながら入れていたが、恵子さんには「その程度の金額で」という気持ちもあり、ありがたいよりも、むしろ迷惑だった。義姉に「おじいちゃん食費入れてるんでしょ」と言われたときも「あの程度では足りません」と言いたかったが、「いただいています」と答えた。「おじいちゃんもおばあちゃんもそんなに食べないから十分でしょ」と言われたときは、さすがに「はい」とは言えず、「おじいちゃんは健啖家《けんたんか》ですし、お酒もあがりますしね」とだけ言ってその場を離れた。

恵子さんはその程度の食費を入れられたからといって大きな顔をされたくなかった。食費をもらいながら、食事に手を抜いていると思われたくないので、もらった食費をはるかに超える食費を使っていた。この習慣は、義父母が離れに移っても崩れなかった。むしろ三度々々の食事を運ぶことに情熱を傾けた。深いところに「文句は言わせない」という気持ちがあった。

そして恵子さん自身は自覚しなかったが、「決して幸せにならない」という決意のようなものがあった。幸せになることは、同居を選択した夫と、大嫌いな義父を許すことにつながるような気がしたからである。これを恵子さんは娘たちに「あのおじいちゃんがいる限りラクにはなれないわ」という言葉で表現していた。

また自分は、義父母のような、当然のように子どもを犠牲にする親にはなりたくなかった。自分の都合を子どもに押し付けないことを誓った。その一つとして、恵子さんは子どもたちを義父母と関わらせなかった。恵子さんの意地もあったが、子どもが義父母の影響を受けるのもいやだった。

感情ストライキ

長女、次女が家を出て行き、義父母が亡くなっても、恵子さんは料理を作ることをやめなかった。

義父母がいるときは「文句を言わせない」という気持ちで作っていたが、食べさせる人が聡子さん一人になったとき、恵子さんは初めて人に喜んでもらいたいという気持ちで料理を作るようになる。義父母や夫に料理をほめられると、「どうだ」という思いと同時に、彼らを喜ばせることにいまいましさを感じていた。矛盾しているが、いまいましいからといって手は抜けなかった。だが、聡子さんが「おいしい」と言うと嬉しかった。自分が作ったものを人が喜んで食べるのを嬉しいと感じるのは、子どもが小さいとき以来の経験だった。

聡子さんのあれこれの提案に、邪魔者扱いされているのを感じないではなかったが、聡子さんの提案を受けいれたからといって楽しくなるとは思えなかった。

長女や次女が出ていったように、この子もいつまで自分のもとにいるかわからない。そう思いながら、恵子さんは季節のものを取り入れながら、聡子さんが喜びそうな献立を考える。子どもに自分の都合を押し付けることを禁じた恵子さんは、自分から「おいしいでしょう」とか「春らしくてきれいな盛りつけでしょう」などと言うことはない。しかし恵子さんはほめてもらいたかった。それでいて、その頃の恵子さんは、誰かがほめてくれたとしても、それを素直には受けとれないほどに心が固くなっていた。気持ちを抑え続け、幸せになること、感情を持つことをやめた恵子さんは、感情のストライキを続けてきたと言える。

恵子さんのように不本意な嫁役割を強いられてきた女性や、夫に愛人がいながら不本意な妻役割を演じ続けてきた女性たちの中には、こうした感情ストライキを続け、活き活きとした感情をなくしてしまう女性たちがいる。

感情をなくした女性を母親とする娘たちは、聡子さんのように、母親に哀れを感じつつも、あまりの重苦しさに母親の承認欲求を受け止めることができない。

EPISODE 8

夢を断念した女性

（遼子さんの母、哲子さん）

劇団との出合い

感情ではなく、考えること求めることをやめた女性が、EPISODE1で紹介した遼子さんの母親、哲子さんである。哲子さんは自由でのびのびとした少女だった。知的好奇心もあり、成績も優秀だった。

その哲子さんが大学二年のときに出合ったのが、前衛演劇である。脚本を書き、演出をし、主役を演じる若い座長の底知れぬ力に強く惹きつけられた。また舞台が持つ怪しい力、背徳的な臭い、暗闇のような奥深さ、人の心をえぐる鋭さなどにも魅かれていった。最初は熱心な観客だった哲子さんは、やがて劇団員と一緒に飲むようになり、ちょっとした用事を頼まれたり、舞台の後ろで俳優の着替えを手伝ったりするようになる。

若い俳優たちはみんな貧乏だった。タバコを吸っては、それをまた箱にしまい、何度も吸う彼らの行為も、哲子さんには新鮮だった。そういった行為も芸術に人生を捧げることを許された才能のみが行える行為であるかのように見えていた。小遣いに不自由しなかった哲子さんは、タバコや飲み物などを差し入れ、劇団員に歓迎された。

しかし、哲子さんのこうした劇団への関わりを座長はあまり歓迎しなかった。飲み会に参加するたびに、「家族はここに出入りしていることを知っているのか」と確かめられた。そのたびに哲子さんは「知っている」と答えたが、親には隠していた。哲子さんの父親は国家公務員であり、劇団の人たちと親しくしていることを、父も母も許さないだろうと思っていたからである。

中高一貫の女子高を出ている哲子さんは都内に友人も多かったので、誰それの家に泊まりに行くという嘘には不自由しなかった。大学四年が終わる頃には、哲子さんは劇団員と変わらないほど深く劇団に関わるようになっていた。以前から地方公演も観に行っていたが、その頃には、親には誰それと旅行に行くという嘘をつき、一、二泊程度、劇団と行動をともにすることもあった。

大学四年の秋、卒業ができないことがはっきりした哲子さんは、単位が不足しているから卒業が一年遅れると嘘をつく。単位の不足は一年で取り返せるようなものではなかったが、そのときの哲子さんには大学をやめると言い出す覚悟はなかった。かと言って劇団との関わりを断って大学に戻る気持ちもなかった。ろくに単位をとっていないことを言えば、大騒ぎになるだろうと考えた哲子さんの急場しのぎの嘘だった。

卒業ができないという事態になって初めて父親が登場する。どの程度単位が足りないんだと問い詰める父親に対して、哲子さんは語学が二単位で……などとしどろもどろになりながら嘘をつきとおした。

そのことがあってから、母親が哲子さんの行動に疑いの目を向けるようになる。残した単位も多くないのに、毎日出かけ夜も遅い。友達と遊びに行くという哲子さんの嘘を信じていたが、どうやらそうではなさそうだ。友達と銀座に行くと言って出かけ何一つ買い物もしてこない、芝居を観に行くと言って出かけたのにパンフ一つ持って帰らないなど、母親の厳しいチェックが入るようになる。

そのほかにも母親の疑念を刺激したものに、哲子さんの服装の変化があった。良家の子女らしくコンサバ系の服を着せられ、自分でもそれを選んでいた哲子さんの服装がいつの間にか、Gパン、ダブダブの上着、体にフィットしたTシャツなどへと変わっていった。「なーに、その格好。汚らしいわね」と、母親は哲子さんの服装を嫌った。母親の監視が強くなったのを感じた哲子さんは、家を出ることを決心する。

劇団での生活

その頃の哲子さんは、母親の品のよさも、父親の勤勉ぶりも重々しい態度も、みな嘘くさく感じていた。自分の家族が気取っているだけで真実味のない家族に見え、擬似家族のような劇団員の集団のほうが温かく正直に見えた。何かと言えば熱く演劇論を戦わせる集団が、当たり障りのない会話しかしない自分の家族より内実のある集団に見え、自分の家は空疎な集まりにしか見えなくなっていた。

仲のよかった劇団員に「家を出ようと思うが、行くところがない」と言うと、「じゃあ僕のところにおいでよ。布団くらいあるよ」というわけで、哲子さんはその劇団員の家に転がり込むことに決める。

大学に退学届けを出して、ある劇団に就職が決まったが、地方の移動がある仕事なので、劇団に住みこむことになると母親に告げる。大学は中退した、とそのときに伝える。「その劇団とは何という劇団なの」と聞く母親に「言ってもわからないから」と答えないまま、哲子さんは家を出る。宝塚と文学座くらいしか知らない母親には、わからないだろうとたかをくくっての家出だった。

父親の立場上、家出人捜索願いは出さないだろうとは思ったが、用心のため哲子さんは時々家に電話を入れたり、父親の留守時を見計らい家に帰ったりした。

「どんな仕事をしているの?」という母には、「俳優さんのスケジュールの調整や衣装の手配」などと答えていた。実際に哲子さんがやっているのは、それよりもさらに小さい仕事だった。たとえば、ケータリングを頼むほどお金のない劇団のために、劇団員の弁当をなるべく安く調達すること。オニギリを人数分握って用意したこともある。破れた衣装を裏からガムテープで補強したり、ときには見よう見まねで衣装を作ったこともある。芝居に必要な小道具を探すこと、そのほか命令されることは何でもやった。

一緒に暮らしている青年は劇団の収入だけでは食べていけないので、深夜のクラブでバイトをしながら演劇を続けていた。その頃の哲子さんは劇団員といるのも楽しかったし、演劇論を戦わせるのも楽しかった。自分は雑用しかしていないが、一緒に芝居を作っているのだという感覚を持っていた。充実しており、生きがいがあった。ただ、貧乏生活は辛かった。

時折実家に帰って、冷蔵庫から冷凍のステーキ肉を持ち出したり、上質の毛布を持ち帰ったりしていた。そういうものを持ち帰ると同居人はひどく喜んだ。

哲子さんが帰るたびにものがなくなることに気づいた母親は、哲子さんの暮らし向きが苦しいのだろうと考えて、哲子さんが帰るといくらかのお金を渡すようになる。これが同居人を腐らせ、生活が苦しくなると「実家に戻って金を持ってこい」と要求するようになる。

大学時代から数えると劇団に関わって七年が経過し、その頃の哲子さんは劇団の日々の会計を任されるようになり、移動の際の切符の手配から宿の手配、俳優の管理までも任されるようになっていた。管理される側になった同居人は、これが気にいらず、何かと言えば哲子さんにあたるようになる。

激しい喧嘩と暴力が繰り返されるようになり、悩んだ哲子さんは座長に相談する。座長は「あいつを支えたいなら、部屋を出てあいつのパトロンになれ。一緒にいながら金を出してたら、あいつはただのヒモになってしまう」と言う。そう言われて哲子さんは、彼を支えたいとは思っていない自分に気がつく。家を出るときに助けて貰いはしたが、そのお礼は十分にしたと考え、泣いて謝る彼と別れ、一人暮らしを始める。そして座長に「私は舞台に立ちたい」と伝える。

座長は哲子さんに端役を与える。裏方をやっているときは、特に大きな失敗がない限り、誰もが哲子さんに「ありがとう」と言っていたのだが、端役であれ役者となった哲子さんには、座長も劇団員も容赦がなかった。稽古でも怒鳴られ、舞台が終わってからも「何であのとき、あんな動きをするんだ」とまた怒鳴られる。それにも哲子さんは耐えた。稽古で、あるいは芝居が終わったときに「ＯＫ」と言われると、このうえなく嬉しかった。

自分の劇団の舞台だけでなく、映画やテレビのエキストラ、子ども向けキャンペーンのお姉さん役など何でもした。オーディションも数々受けたが、通らなかった。劇団では少しずつせりふのある役をもらえるようにもなっていった。

父の病気

そのような生活をしていたある日、哲子さんは客席に父親を見つける。すっかりふけた父親は舞台上の哲子さんをヒタと見つめていた。

舞台終了後、喫茶店に呼び出された哲子さんが聞かされたのは、父親自身のがんだった。父親は自分が余命いくばくもないこと、哲子さんの弟はアメリカに赴任しており簡単には帰ってこられないこと、母親一人では父親の介護も死後の始末も心もとないこと、哲子さんと母親の一生が成り立つだけのものは用意したこと、これだけのことを話し、家族のために帰ってきてくれないかと頭を下げた。

このとき哲子さんは、劇団員として頑張っていた自分の気持ちが折れそうになるのを感じた。とりあえず返事を保留にして座長に相談した。座長は「一生困らないだけのものがあるなら帰れ。その金で劇団を支援しろ」と言った。この返事が哲子さんに劇団を去る決意をさせる。ただし劇団を支援するためではなく、劇団と縁を切るためにである。劇団はその後も続き、座長は有名人になる。同居していた青年も、後年テレビドラマ等に出演するようになるが、哲子さんにとっては全て終わった世界のことだった。

劇団での出来事を思い出させるもの全てを捨てて、哲子さんは劇団に出合う前の自分に戻る。知的好奇心に蓋をして、何も知らなかった頃のお嬢さんに戻る。そして母の指示のもと、父の看護中心の生活を送り、父が亡くなった後は、母と二人で何もせずにぼんやりと暮らす。半ば引きこもり状態の暮らしは退屈ではあったが、貧乏暮らしとは比べ物にならない快適さがあった。毎日毎日が時間不足と喧噪の中にあった劇団での暮らしに戻りたいとは思わなかった。

その頃にアメリカから帰ってきた弟が哲子さんのありようを心配し、父親の後輩に相談。父親の後輩の知り合いの息子との見合いがセッティングされた。その見合いの相手が遼子さんの父親である。当時何もしていなかった哲子さんは請われるままに結婚を決める。このときの哲子さんは結婚への幻想も、自分の人生に対する意欲も持っていなかった。活き活きとした自分は劇団の記憶とともに葬ったと、哲子さんは思っていた。

その哲子さんが再び感情を動かされたのが娘である。娘との暮らしは楽しかった。現実社会に戻る気になれない哲子さんは、隠遁者《いんとんしゃ》のような生活を続けながら子育てをすることを選ぶ。

過去の封印。成長の放棄と社会からの逃避

女性としてあるいは人間としての成長をとめた哲子さんだが、哲子さんのよう

に、生きがいであったものを途中で手放す女性は少なくない。演劇やスポーツなど、生きがいとしていたものを断念する男性もいるが、それらの多くは自身の限界の自覚であったり、夫や父、跡継ぎとしての責任からであり、ケア役割を担うためではない。当然ながら、多くが次の職業生活に入っていく。

哲子さんのようにケア役割のために自分の夢を断念した女性の中には、過去そのものを捨てたような女性がいる。自分がやっていたことにある程度の達成感を持つことができれば、その経験を次の人生に活かすこともできるのだろうが、彼女たちは自分の経験を中途半端なもの、あるいは敗北としてとらえ、そのことを恥じている。そのために、それを断念せざるを得なかった悔しさや、そこでの体験の数々も葬り去られる。自分の経験の一部を喪失するのだ。

哲子さんも自分の劇団と関わった時代を肯定していない。劇団での経験が全く認められない、むしろ否定される世界に戻った哲子さんは、戻らざるを得なかったのは、自分の弱さと才能の欠如のためととらえていた。だからその記憶に関わるもの全てを封印した。一ファンから裏方を勤め、舞台に立つまでになった彼女に、社会的能力や行動力がないわけはないのだが、彼女は自分のそうした能力の全てを停止させた。自分の能力を全開させせたらケア役割にはとどまれないことを、哲子さんはどこかで知っていたのかもしれない。

女性が大人になることを歓迎しない社会、かわいい女性に価値がある社会では、女性たちは無意識のうちに成長をとめる。恵子さんや哲子さんの例とは異なるが、**自分が成長することを喜ばない存在、あるいは成長することを阻む存在があるときにも女性たちは自分の成長をとめる。**成長を阻む存在は夫、実母、義母などさまざまである。

実母や義母が彼女の成長を阻むとき、彼女たちは子どもを産んでもなお母親になりきれずに、娘のままの母親となる。娘にとっては、「おばあちゃんとお母さんと私」ではなく、「おばあちゃんがお母さんで、私とお母さんがおばあちゃんの子ども」というような状況となるのだが、このような状況に置かれた娘の葛藤もまた大きいものとなる。

女性にとっての「幸せ」とは何か？

「結婚」と「子産み」が「幸せ」とセットにされていることは先述した。「結婚生活」における「幸せ」とは「好きな人と一緒にいられる生活」であり、女性にとっては「好きな人の世話をできる喜び」であると信じられている。そしてその世話をする相手に「幸せにしてもらうこと」。これが結婚と結び付けられた幸せである。男性は「必ず幸せにします」と約束し、花嫁は「幸せになります」と、これまでの暮らしに別れを告げる。そしてその二人に向けて「お幸せに」という言葉が贈られる。

さて、この「幸せ」とは何かということであるが、これまで見てきた母たちは、EPISODE5で紹介した多喜子さんの母千代乃さんを除いて、それほど不幸そうには見えない。しかし、EPISODE7で紹介した聡子さんの母恵子さんも、EPISODE8で紹介した遼子さんの母哲子さんも、自分の一部を殺したまま生きていることは見てきたとおりである。

また、一見幸せそうに見えるEPISODE2で紹介した秋子さんの母みどりさんも、娘に依存した幸せであることには変わりがない。哲子さんも同じである。

幸せとは何かを考えるために、ここでは千代乃さんに登場してもらうこととする。

EPISODE 9

「幸せ」を経験してこなかった女性

（多喜子さんの母、千代乃さん）

夫と子どもに裏切られ続けた人生

千代乃さんはいわゆるエリート以外認めていない。千代乃さんの父親も兄弟も義理の弟も知的な職業についている。この男性たちの配偶者、母も兄の妻も妹も千代乃さん自身も全員専業主婦である。今なら大学教授の妻で自身も職業人という女性もいるが、現在74歳の千代乃さんの年齢では、そのような女性は少ない。

千代乃さんにとっては、夫が地方大学の教授でしかないことが最大の不満となっている。都会に住むことも千代乃さんにとって譲れないことであり、夫の移籍に伴う転居を断固拒んでいる。

娘、多喜子からのご機嫌伺いや贈り物がないことを怒るが、それらはあって当たり前のものであり、あったからといって特に嬉しいものでもない。娘の不足を言い立てているが、仮に娘が、千代乃さんが言うとおりの気のきく娘だったとしても、それで千代乃さんが幸せになることはない。おそらくまた別の不足や不満を見つけ出すのではないかと思われる。

千代乃さんにとって嬉しいのは、たまに来る息子、修の顔を見ることである。この息子を、夫のように田舎の大学教員になどにはできない。そう考える千代乃さんは、結果として、息子が飛び立つのを妨げ、彼の人生を支配している。息子が田舎の教員になったら、息子は千代乃さんのもとを離れることになり、千代乃さんの唯一の幸せの条件がなくなる。それよりも何よりも、息子までが田舎の教員になってしまうことが千代乃さんには受けいれられない。地方大学のポストに軽々と飛びついた夫の二の舞はさせない。そう考えている千代乃さんは、自分の都合で息子を縛り付けていることに気づかない。

千代乃さんはリウマチという病気を得たことで、痛みという負荷を背負っている。これもまた千代乃さんの不幸の要因の一つとなっている。

そして千代乃さんは認めていないが、夫の心も失っている。法律上の婚姻関係にはあるが、夫である康之さんの心は千代乃さんのもとにはない。娘に何を贈ったかと尋ね、「届いたと言って来たか?」と尋ねた後に「届いたって、どうせ何も言って来やしないわよ。昔から当たり前のことができない人なんだから」と憎らしげに言う。千代乃さんの結婚生活のほとんどは夫不在だった。

夫の康之さんが家を出た頃、千代乃さんは幼稚園生の息子、修に夢中だった。国立大学の附属小学校入学を目標に、幼稚園児対象の受験塾に修を通わせ、スイミングスクール、英語塾、ピアノのレッスンにも通わせていた。

娘の多喜子も附属幼稚園を受験させたが、抽選で落ちてしまった。次に小学校を受験すべく幼児向けの塾にも通わせたのだが、塾が合わなかったのか夜中にうなされるなど情緒不安定な状態になる。原因不明の熱を出すこともよくあった。この頃の多喜子には、修同様、受験塾のほかに、スイミング、英語、ピアノを習わせていた。

情緒不安定で、しばしば調子をくずす娘の様子を見て、夫の康之さんが「忙しすぎるんじゃないか」と言った。これが千代乃さんの気にいらなかった。娘の習い事を全てやめさせ、その後は何一つ習わせようとしなかった。そして、「何一つ続かない」「何をやらせてもダメ」と娘を攻撃するようになる。この攻撃のさなかに修が産まれる。

修が3歳になる頃に、再び千代乃さんの教育熱は燃え上がり、幼稚園入学を目指す塾に修を入れる。残念ながら、修もまた抽選で落ち、次は小学校を狙うことになる。このとき康之さんは千代乃さんの教育熱に対して何も口を出さなかった。修は丈夫な子で、ハードなスケジュールも平気でこなしていた。このことで、千代乃さんは娘に「修はあなたとは違うのよ」というせりふを何度となく言うようになる。

こうして見てくると、千代乃さんの人生は夫に、あるいは子どもに夢を託し、裏切られ続けた人生ということができる。夫は千代乃さんの抵抗を押し切り、地方の大学に赴任してしまう。附属の幼稚園に入れようと思った娘の多喜子は抽選に落ち、小学校受験の前に受験体制から脱落してしまう。そして同じく幼稚園受験で抽選に漏れた息子の修は、小学校受験でも抽選に漏れる。その後、中学受験、高校受験、大学受験、大学院と、息子は千代乃さんの期待に応えるが、大都市圏の国公立大学に職を得るという期待には応えられずにいる。

娘は大学の教員と結婚するという千代乃さんの期待にいったんは応えたものの、夫の移籍により、再び千代乃さんの期待とは異なる人生を歩むことになる。娘の子どもの進学先も千代乃さんの意に沿うものではなかった。

家族に肩書きを獲得してもらうことが夢

千代乃さんの夢は、自分が何かをすることではない。誰かに何かを達成してもらい、その人の妻あるいは母になるのが、千代乃さんの夢だった。千代乃さんがなりたかったのは「京大教授の妻」であり、「国立大学教授の母」である。夫や息子の業績に関心はない。達成してほしいのは肩書きの獲得であった。千代乃さんは自分の人生をそれにかけた。

ほしかった肩書き、つまりラベルあるいは包装の中身に、千代乃さんはどのようなものを期待していたのだろうか。その包装の中身は、千代乃さんにはわからなかったのではないかと思う。「幸せ」の中身がわからないからこそ、「幸せ」が約束されていそうなラベルや包装をほしがったのではないだろうか。そして誰もそのラベルを与えてはくれなかった。

千代乃さんの母は寡黙な人で、横暴で男尊女卑的な父親に黙って従っていた。来客の多い家で、学生たちを招いて酒食を振る舞うこともしばしばだった。そうした家で女の子として千代乃さんは母を支えながら育つ。

外に出ればお嬢さん扱いされる千代乃さんだったが、家の中では母と同列に、女中のように扱われていた。父も兄も男尊女卑的であるうえに、人を学歴や肩書きで判断する差別的な人たちだった。父親と同列の扱いを受けていた兄二人は東京の大学に進学したが、千代乃さんの進学は認められなかった。高等女学校卒でしかない千代乃さんが、自分を踏みつけにしてきた父や兄を見返すには、夫や子どもに彼ら以上の肩書きを獲得してもらう以外になかった。古い教育を受けた千代乃さんには、女である自分が出世することなど思いつきもしなかった。

育った家庭で大切にされた経験のない千代乃さんは、幼いときを除いて、幸せだったことは一度もない。幸せを経験していない千代乃さんには、「幸せ」がわからない。だからこそ、その包装である肩書きを持つことにこだわった。そしてその包装を手に入れるはずの夫は、それを手に入れてくれなかった。結婚の約束である「幸せにしてもらうこと」が叶えられなかったのである。

「幸せ」を追い求めながら、手にすることができなかった千代乃さんは、自分の運命を呪う。娘の多喜子さんに向けられた怒りや憎悪は、千代乃さん自身の人生への怒りであり憎悪である。

母が不幸であることの責任は娘にはない

恵子さんの不幸、哲子さんの不幸、そして千代乃さんの不幸を見てきたが、母の不幸は、彼女たちが生きた時代、育った家庭、嫁いだ家、嫁いだ相手などさまざまな要因により決定される。そしてそれは、母の怒りや嘆き、不機嫌として表現される。

千代乃さんの怒りや憎悪を向けられてきた多喜子さんは、自分自身に嫌悪と不信を向けるようになるが、母の不幸ははっきりと語られないまま娘に手渡され、正体もわからないままに、娘は母の不幸を吸収していく。

さまざまな要素が絡み合った結果としての母の不幸だが、**母の不幸に最も大きく関わっているのは、母自身の意思**である。母を不幸や孤独の中に置き去りにしてはいないかと罪悪感を感じながら暮らす娘たちがいるが、母を不幸の中に置き去りにしているのは母自身である。多喜子さんのように**「あなたのせいだ」と母から不足・不満を言い立てられ罵られようとも、母の不幸の責任は娘にはない。**

社会からの期待に応えようとする母親たち

子どもの育ちの責任者は母親

女性に、結婚し子どもを産むこと、つまりケア役割を担うことを期待しているのは社会だが、社会的期待を実現させる責任は、子育てを主として担う母親に負わされている。**母親は衣食住等、基本的な子どものケアをするだけでなく、子どもが現在の社会で期待される大人となるように育てること、つまり、子どもの社会化の責任も持たされている。**

社会の子どもへの期待は、少しずつ変わりつつあるとはいえ、現在も「男は仕事、女は家庭」は否定されてはいない。そうした社会的期待の中で、母親はどのように子育てをしていくのだろうか。

次に記したのは「子どもの育て方」に関する本のタイトルである。右側が女の子、

女の子
①『女の子の育て方～「愛され力」＋「自立力」＝「幸福力」。0～15歳児の親が必ずしておくべきこと。』（諸富祥彦 著、WAVE出版）
②『女の子を伸ばす母親は、ここが違う！』（松永暢史 著、扶桑社）
③『女の子の育て方―女の子の本質と気持ちがよくわかる』（田島啓子、田島信元 著、大泉書店）
④『女の子が幸せになる子育て』（漆紫穂子 著、かんき出版）
⑤『父親のための女の子の育て方』（間嶋稔 著、鳥影社）
⑥『女の子の育て方、躾け方』（斎藤茂太 著、KKベストセラーズ）
⑦『優しい女の子の育て方』（石井苗子 著、マガジンハウス）
⑧『花のある女の子の育て方―強く聡明なレディのための42項』（酒井美意子 著、PHP研究所）
⑨『いまどきの「女の子」育て方講座―お母さんにもわからない！』（斎藤茂太 著、PHP研究所）
⑩『女の子の育て方―「愛される」より「愛する」人に』（樋口恵子 著、光文社）

左側が男の子である。もちろんここにあげた本以外にも次々に出版されているし、「育てる」とか「育て方」という言葉を使っていない本も入れれば、さらに多くなる。本の購読者である親たちが少しでもよい子育てを、と考えているのだろうが、子育てがそれだけ悩み多いものだということを示している。

「女の子を伸ばす母親は、ここが違う！」とか、「お母さん次第で男の子はぐんぐん伸びる！」のように、子どもの出来は母親次第と

男の子
① 『男の子の育て方～「結婚力」「学力」「仕事力」。0～12 歳児の親が最低限しておくべきこと。』（諸富祥彦 著、WAVE 出版）
② 『男の子を伸ばす母親は、ここが違う！』（松永暢史 著、扶桑社）
③ 『男の子の育て方―男の子の本質と気持ちがよくわかる』（田島信元、田島啓子 著、大泉書店）
④ 『男の子がやる気になる子育て』（川合正 著、かんき出版）
⑤ 『お母さんのための男の子の育て方』（金盛浦子、山崎雅保 著、黎明書房）
⑥ 『お母さん次第で男の子はぐんぐん伸びる！』（小屋野恵 著、メイツ出版）
⑦ 『男の子が本気でやる気を出す育て方』（横峯吉文 著、すばる舎）
⑧ 『0～9 歳 男の子のママへ まじめなオチンチンの話 男の子の気持ちがわかる本』（矢島暎夫 著、カンゼン）
⑨ 『言うこと聞かない！落ち着きない！ 男の子のしつけに悩んだら読む本』（原坂一郎 著、すばる舎）
⑩ 『男の子って、どうしてこうなの？―まっとうに育つ九つのポイント』（スティーヴ・ビダルフ 著、菅靖彦 訳、草思社）

いうことを明示しているタイトルの本があることからも、これらの本は基本的に母親向けに書かれていることがわかる。

子育ての中の何が母親メインの領域なのかというと、ほとんど全部。**子どもの育ちに必要なこと全てにおいて母親が主たる責任者と考えられている。**

まず産むことと授乳とは母親しかできない。それだけではなく、乳幼児のときの衣食全てを主に母親が担っている。そのために挨拶など日常生活の基本を教えるのも母親、公園に連れて行く、本を読み聞かせるなどの、幼いときの情緒的成長への関わりも母親がメインとなる。子どもが幼ければ幼いほど、母親の関わりが大きくなる。

小学校一、二年くらいまでは、勉強もみたり、夏休みの宿題を手伝ったりすることもあるかもしれないが、子どもが学校に行くようになれば親の役割はずいぶんと減っていき、できるできないはその子自身に負うところが大きくなる。

しかし近年は、子どものできるできないに親の関与が大きく影響するようになっている。たとえば学校以外に塾に通う子どもが多いが、塾に行かせるかどうかは親が決めなければならないし、行かせるとなったらどこに行かせるかも親が検討し決めなければならない。さらに塾に行くとなれば、経済的負担が増えるだけでなく、学校以外に送り出すところができ、時間管理が必要なものが増える。塾によっては親が懇談に出向かなければならないところもある。

それ以外にも、運動もできたほうがいい、芸術にも触れさせたほうがいいというように、やったほうがいいこと、やらなければいけないことがどんどん増えている。別の言い方をすると、親、子どもともに負担が増えていると言える。

増え続ける母親の負担

実際に子育て講座などで、お母さんたちに「母親がしなければならないこと」「母親の役割」をあげてもらうと、この十、二十年であげられるものがどんどん増えている。「子どもの気持ちをわかってあげる」「相談相手になる」「子どもの問題を解決してあげる」などがあげられることもあり、ただ衣食住の面倒をみればいいというものではなくなっている。

まるでわからないというのは問題だが、自分のことのように人の気持ちがわかることはない。人はそれぞれ違うから、わかったと思っていても、どこか違っているものである。わかってあげなければ、相談相手にならなければ、解決してあげなければ、と思っていると、子どもの心の中に手をつっこんでしまいかねない。**手をつっこまなくてもそばにいて、「人間ときにはしんどいときもあるよね、今がそういうときなんだから、たくさんしんどがっていいんだよ、しんどいあなたもOKだよ、本当に困っ**

たら親が助けてあげるよ」と伝えること。これが親にできることだと思うが、もっと積極的、能動的に親が子どもの問題の解決に関わらなければいけないような風潮が強まっている。

一九九〇年代後半には「子どもに集団生活の経験をさせる」とか「友達が作れるようにしてあげる」などがあげられるようになる。子どもは幼稚園や学校に行けば、何らかの問題がない限り、いやでも集団生活をするようになるのだが、これはそのときに困らないように、就園前、就学前から集団生活の経験をさせておくという意味である。公園デビューという言葉が生まれた頃でもあり、そうしたストレスが最高潮に達していた時期かもしれない。今は子育て支援の相談等でカバーできているのかもしれないが、そうした相談で相談室を訪れるお母さんは減っている。

母親の不安をあおるマス情報

さらに十年程前から、「子どもの才能を伸ばす」とか「子どもに数多くの経験をさせる」などということがあげられるようになる。七つも八つも習い事をさせているお母さんに「何でそんなにたくさんのものを習わせるの」と聞くと、「どの分野に子どもの才能があるかわからないので、あらゆることに触れさせておきたい」とか、「子どもに何らかの才能があるのに、それが親のせいで発揮できなかったら子どもに申し訳ないので」という答えが返ってくる。

「情報のない江戸時代じゃないんだから、子どもは好きなことがあったら、自分で見つけてその道に進みますよ」と言うと、大概の母親が「でも音楽なんかは後になって始めても、小さいときからやった人には追いつきません」と、早期教育で育てられた天才たちの名をあげる。

天才を目指してはいけないというつもりはないが、そうやって「早くしなければ落ちこぼれますよ」「せっかくの才能が死にますよ」と不安をあおっているのが誰なのかを見極める必要がある。大雑把な言い方だが、そのことでお金が儲かる人たちである。

「お母さんのやり方一つで子どもの人生が決まりますよ」と脅す。子どもや若者が起こした事件の詳細を報道するにあたって、「母親の悪しき影響」を言い立てる。世に出た人の母親をほめたたえることで、「子どもの成功は母親次第」というイメージを強化させる。

それらのイメージと情報にさらされていて、不安にならない母親はいない。そうしたマス情報以外に子育ての情報がない母親や、「そんなことないわよ」「そこまで考えることないよ」と言ってくれる人が周りにいない母親の不安には深刻なものがある。

セールスマンの術中にはまり、2歳の息子のために八十万円もする知育教材を買ってしまった母親もいるし、「あんな地方の先生に習っていたらダメよ」と言われ、毎週のように新幹線でヘトヘトになりながら習い事に通っている親子もいる。「こんなに大変とは思わなかったからやめてもいいと思っているのだけど、子どもがやめると言わないから」と言うが、子どものほうも「お母さんがこんなに一生懸命なのに、やめるとは言えない」と思っていないだろうか。

こうして母親の守備範囲とされる領域がどんどん増えることで、母親たちが子育てが難しいと感じる度合いがどんどん増えていく。子どもを遊ばせる場所がなくなったとか、車が通るので子どもだけで出かけさせるわけにいかなくなったなど、子育てを困難にしている要因はそのほかにも多々あるが、母親の責任とされる領域が肥大化していることもおさえておきたい。

社会から期待される子ども像

その上で、期待される子どもとはどんな子どもかということを、さきほど紹介した本のタイトルから見ていく（次ページ図参照）。

これらを比べて見ると、**男の子は「やる気」がキーワード**になっているのに対して、**女の子は「幸せ、愛される、優しい」など他者との関係がキーワード**になっているのがわかる。この違いが**「ジェンダー」**による違いである。

ジェンダーとは、簡単に言うと社会的文化的性差のことである。筋肉量の違いや外性器の違い、ＤＮＡの違いなどの生物学的性差をセックスと言い、そうではない性差、自分を女と思うか、男と思うかの性差、服装や振る舞い方の性差などをジェン

女の子
①『女の子の育て方～「愛され力」＋「自立力」＝「幸福力」。 0～15歳児の親が必ずしておくべきこと。』
②『女の子を伸ばす母親は、ここが違う！』
③『女の子の育て方―女の子の本質と気持ちがよくわかる』
④『女の子が幸せになる子育て』
⑤『父親のための女の子の育て方』
⑥『女の子の育て方、躾け方』
⑦『優しい女の子の育て方』
⑧『花のある女の子の育て方―強く聡明なレディのための42項』
⑨『いまどきの「女の子」育て方講座―お母さんにもわからない！』
⑩『女の子の育て方―「愛される」より「愛する」人に』

ダーと言う。

子育てには、この性差が非常に大きな影響を及ぼしている。育て方のキーワードが違うように、女の子と男の子とでは、どんな子に育てるかという方針が異なる。この方針は、どんな子育てがよい子育てかと言うときの子育ての方針よりさらに大きな、基本的な方針のようなものである。最近では女の子、男の子で同じように育てるという母親、父親も少なくないが、それでも女の子と男の子への親の期待は違っている。

二〇一一年三月に発表された堺市

男の子
①『男の子の育て方～「結婚力」「学力」「仕事力」。 0～12歳児の親が最低限しておくべきこと。』
②『男の子を伸ばす母親は、ここが違う!』
③『男の子の育て方—男の子の本質と気持ちがよくわかる』
④『男の子がやる気になる子育て』
⑤『お母さんのための男の子の育て方』
⑥『お母さん次第で男の子はぐんぐん伸びる!』
⑦『男の子が本気でやる気を出す育て方』
⑧『0～9歳 男の子のママへ まじめなオチンチンの話 男の子の気持ちがわかる本』
⑨『言うこと聞かない!落ち着きない! 男の子のしつけに悩んだら読む本』
⑩『男の子って、どうしてこうなの?—まっとうに育つ九つのポイント』

の男女共同参画意識調査では、子どもに身につけてほしいこととして、「自立できる経済力」を「必ず身につけるべき」と考える回答の割合は、女の子に対しては37・8%。男の子に対しては87・4%となっている。稼げるようになることが男の子に期待される一方で、「家事・育児の能力」を「必ず身につけるべき」と考える回答の割合は、女の子では62・3%。男の子では19・7%となっている。この期待の違いの背景にあるのが「男は仕事、女は家庭」の役割分業意識である。

男が稼いで女が家事育児というモデルは、子育ての方針でも基本とされている。男の子はまず稼いで、それから家事も少しはできなきゃダメ。お嫁さんの来手《きて》がない。女の子は家事が基本で少しは稼げなきゃダメ。そうじゃなきゃ子どもにいい教育を与えられない、あるいはいい生活ができないというようなところだが、**親はこの社会的役割期待に沿った大人になるように子どもを育てていく**。つまり、子どもを女の子は女らしく、男の子は男らしく育てていくのだが、このようにそれぞれのジェンダーに振り分けられた行動様式、生活様式などを身につけていくことを**「ジェンダー化」**と呼ぶ。子育てのほとんどを母親が担っているために、このジェンダー化も基本的には母親が主として担うこととなる。

娘を女らしく育てようとする行為が、母娘葛藤の本質

夫婦の間に主従関係が全くない家庭もあると思うが、社会はまだそうはなっていない。女はでしゃばらないほうがいいという規範は今も生きている。控えめで自分を主

張しない女性は、実際の生活ではしばしば踏みつけにされているのだが、自己主張が強い女性に対するような風当たりの強さはなく、一般的には、控えめな女性のほうが受けいれられやすい。

でしゃばるなというのは、分をわきまえろという教えである。女性は、たとえば結婚式や出産時のような極めて限られた場面で主人公になることはあるが、日常生活で主人公になることはない。あくまで縁の下の力持ち、支え手である。これを「男が主、女が従」と言う。

母親にほめられたことがないという女性は多いが、これはこの社会に娘を適応させるためのジェンダー教育の一つである。ほめられていい気になり、自分が主人公であるかのような勘違いを娘がしないように、母は娘をしつける。具体的には、娘が楽しそうに、あるいは嬉しそうにしているときに、苦々しい表情、冷たい対応で、あなたは主人公ではないのよ、調子にのってはダメよ、と伝えるのである。実際に、母親たちは娘がいい気になっていると苦々しい気持ちになる。その気持ちを表現するだけでジェンダー教育が遂行される。

娘にとっては、同じ女性で、しかも大好きなお母さん、自分を愛してくれているはずのお母さんがちっとも自分の味方をしてくれない、自分を認めてくれないということになる。

娘をジェンダー格差社会に適応させようとする母親の行為が、娘の自尊心を傷つけ、自分らしく生きたいと願う娘の足を引っ張る。これが、母娘葛藤の本質である。

広い世界に飛び出したい娘と、その娘を狭い世界に閉じ込めようとする母親との間の葛藤と言える。母親は娘に飛び出してほしいが、ほどほどにしてほしい、ゆくゆくは結婚して子どもを産むことができるように飛び立ちすぎないようにしてほしいと思っているのである。これが母親の、「**pull**《プル》 **&** **push**《プッシュ》」と呼ばれる娘への関わり方である。

母から娘に送られる矛盾した「pull & push」メッセージ

多くの母親が娘に向けて「pull & push」と言われるメッセージを出している。「行きなさい、でも行き過ぎてはダメよ」というメッセージである。この矛盾するメッセージの最たるものが、「私の言うとおりにしなさい、だけど私の言うとおりにしてはダメ」「私のようになりなさい、だけど私のようになってはダメ」というものである。このように書くと何のことかわからないと思うが、EPISODE6の和子さんの言葉にこうした「pull & push」を見てとることができる。

自分は洋裁学校に行っているから、ほかのパートより優遇されていると主張していた和子さんだが、やはり学校を卒業するだけではなく、何らかの資格があったほうがいいと考えたのだろう。「文学部みたいな役に立たんとこ行ってもつまらん。栄養士か保育士になれるようなところに行き」と美恵子さんに勧める。私を超えろというメッセージだが、同時に「英文科に行っている子のような雰囲気を身につけろ」とも言う。職業人になれ、しかし職業人のようになるなという命令である。

また、仕事についてからの美恵子さんに対して、和子さん自身は年上の従業員に指示をする立場に立ったことはないにも関わらず、あれこれダメ出しをする。ダメ出しは、娘の成長のためのアドバイスのようでありながら、「あなたなんかまだまだだよ」というメッセージであり、娘を自分より劣位に置く効果がある。「有能な職業人になりなさい、だけど私を超えるような有能さを身につけてはダメよ」ということである。そして今度は仕事よりも結婚を勧める。和子さんのメッセージは、仕事をしているだけでは不十分というメッセージであり、娘が職業人としての誇りを持つことを妨げる。

娘が小学生のとき、中学生のとき、高校生のとき、社会人になってから、結婚してから、母親になってから……というように、**娘の人生のステージステージで、母親が示す規範は変わる**。学生時代には、「頑張りなさい、男に負けないように勉強して、手に職をつけなさい」と言っていた母親が、娘が結婚した途端に、「仕事ばかりして、旦那さんに迷惑かけちゃダメよ」というような例である。「今まで応援してくれたのは何だったの?」「今まで、私に教えてきたことは何だったの?」と、娘は裏切られたような気持ちを抱くこととなる。

「男が主、女が従」という社会規範を教え込まれ、「pull & push」の命令にさらされている娘は、ケアの担い手となるためのトレーニングも受ける。**女性は他者にケアをしてもらう側ではなく、ケアする側、優しくしてもらう側ではなく、優しくする側**

だから、女の子が甘えてくると、「あなたは甘える側じゃないわよ」と、母親は娘にそっけなくするのである。

もちろん、母親がそんなことを考えて娘にそっけなくしているわけではないが、娘の甘えが受けいれられないのである。不快感を感じて娘をはねつける母親もいる。

これには、母親自身も同じように育てられていて、甘えた経験がないことも関係している。私は甘えたことなんかないのに、何であなたは平気で甘えてくるのよ、というわけだが、こうした腹立ちは娘に対する原因不明の怒りとしか母親自身は自覚できない場合がある。

自分を見失う女性たち

「他者優先」が及ぼす女性心理への影響

ジェンダー化されるのは女の子だけではない。男の子に対してもジェンダー教育は行われる。男の子へのジェンダー教育は、「飛び立て、世に出よ」である。地元を離れるなという親もいるが、その場合も仕事につかなくていいということはない。地元を離れずに済む仕事につけとなる。

このもっと頑張れ、上に行け、勝利者たれという教えは、人生のステージごとに変わる女性への教えに比して、子どものときから一貫して変わらない。そのため支え手になるのは、性別で言えば女性の役割となる。子どもの成長を支えるのが母親の役割なので、男の子は母親から女性として母親として二重に支えられることになる。

EPISODE5で紹介した多喜子さんのように、男兄弟と差をつけられて育ったという女性は少なくない。同じ見舞いでも、息子と娘では母親の喜び方が違うのだが、本来ならケアなどするはずもない息子の見舞いと、ケアをするべき存在の娘の見舞いとでは、母親にとって意味も価値も違う。そのことが同じ子どもである娘には差別としか感じられない。娘たちが抱く不公平感は当然である。

娘の、男兄弟と差をつけられたという抗議に対して、差なんかつけてないと答える母親がいるが、これは母親が嘘をついているのではない。娘と息子に対する対応の違いが何かを意図してそうなるのではなく、自然にそうなってしまうようなものであるために、母親自身がそのことに無自覚なのである。

結婚相手を獲得するためにも、そして子どもを育てるためにも必要な「他者優先」は、女性の心理に大きな影響を与える。人のニーズに合わせることが、何よりも要求される環境では、人は自分を問う習慣を持つことができない。そのために自分の行動を決めるための自分独自の内的基準が育たない。**女性たちは、相手が自分に何を期待しているかを読み取り、それに合わせて自分を形作っているうちに、自分が何を考え、何を感じているのかがわからなくなる。**内的基準を持たない女性は、外側にある不確かな社会の基準に自分を合わせ、ますます自分を喪失していく。

夫のニーズに合わせ、夫の親族のニーズに合わせ、子どものニーズに合わせ、という生活は、自分を持っている女性でも自分を見失いかねない環境である。自分が失われていくのを感じとった女性は、自分の力が奪われ無力になっていくのを感じ、他者優先に塗り込められた生活に焦り苛立つ。この焦りや苛立ちが子どもへの怒りとなることがあるが、自分を問う習慣があれば、子どもに向けられた怒りが実はほかのもの、非協力的な夫や理解のない親に向けられた怒りであることに遠からず気がつく。

しかし、自分を問う習慣のない女性はそうはいかない。ものごとを判断する基準が自分の内側にないという本来なら不安このうえない状況でいながら、不安の原因がわからないまま、安心のために不確かな外側の基準に自分を合わせていく。つまり世間でよしとされていると思われる女性像に自分を合わせていくのだが、その人が考える世間も、それぞれがよしとする女性像も均一ではない。共通なのはケア役割である。

ここまで来て、EPISODE6で紹介した美恵子さんの母、和子さんのストーリーに戻ることにする。

EPISODE 10

他人に気を使いながら生きてきた女性

（美恵子さんの母、和子さん）

家族との暮らしで身につけた他者優先の姿勢

和子さんの母親が和子さんが小学生のときに亡くなったことは、すでに書いた。母没後の一、二年は二番目の姉と三番目の姉に育てられるが、三番目の姉が大阪に行き、二番目の姉が結婚して父と和子さん二人だけになる。

しばらくは父が食事の支度等をしていたが、男手だけで中学生の女の子の世話をするのは大変だろうと、和子さんが中学に入る前に長兄家族が帰ってくる。そのとき甥と姪は5歳と3歳だった。数カ月だけであったが、父との生活に不便を感じていた和子さんは、長兄一家の同居を喜んだ。義姉が弁当を作ってくれ、参観日にも来てくれた。高齢の父が来るよりも和子さんは嬉しかった。

長い休みのときは近くの長姉や次姉の家に行く。長滞在をすると、義姉に悪いから帰れと実姉たちに言われた。

和子さんは長兄家族との暮らしに居心地の悪さを感じたこともないし、気を使いながら暮らした記憶もない。義姉さんが大好きで、甥姪とも年の離れたきょうだいという感覚だった。ただ、初潮を迎えて義姉に手当を教えてもらったときにすごく恥ずかしい気持ちがしたことを覚えている。

また、洋裁学校の夏休みで帰ったときに、姪が兄嫁の膝の上にあがったり、背中にもたれかかったりしながら話している様子に、強い印象を受け、しばらく見とれていたことがある。そうした身体的接触は和子さんの経験にはなかった。

こうして育った和子さんは、大阪では次兄の家に世話になる。5歳しか年の離れていない義姉の手伝いをしながら洋裁学校に通う。デパートに就職して半年後に、長兄にお金を借りて、次兄の住まいのすぐ近くで借家住まいを始める。この頃に泰三さんと出会い結婚し、一人暮らしは一年で終わる。

長兄家族との暮らしで特に気を使った記憶がないという和子さんだが、気を使うことが通常となっていれば、そのことは際立たない。

和子さんの兄姉たちは仲がよく、互いを思いやる気遣いに満ちていた。父と妹のことを考え、同居を決断した兄。母親をなくした義妹のために、自分の娘との身体接触に禁欲的であった義姉。義姉の気持ちを気遣う実姉たち。和子さんの周りにいた大人はこういう人たちである。和子さんはこうした兄姉の行動からも、他者に気を使う姿勢を学んでいく。泰三さんに対する態度も、長兄家族との暮らし、次兄家族との暮らしで身につけたものである。

職場で身につけた、誰とでも表面的には関われるつきあい方

働いていた職場もいわゆる客商売であり、丁寧でにこやかな接客が求められた。客が男性ばかりの職場で和子さんは何度も不快な目にあっている。今の時代ならセクシュアル・ハラスメントとされるような出来事も笑いながらいなしてきた。和子さんがこの職場で身につけたのは、ことを荒立てないという処世術だった。

誰にも相談せずに乗り越えてきたそれらの経験を、和子さんは話すことができない。誰も和子さんが働いていたときの経験など聞こうとしないし、和子さん自身も話そうとしない。仕事の話になると「私も務めていたときにはいろんなことがあったわ」と言い、「世の中甘いもんやないわ」と感想を述べ、「世間は厳しいで」と娘に教えるというのが、和子さんの話のパターンだった。仮に「いろいろってどんなこと?」と聞いても、和子さんは具体的な話はできなかっただろう。

事実を話すことも、体験に伴う感情を話すことにも訓練が必要である。和子さんのような語りは何も言っていないに等しいのだが、この話し方で誰とでも表面的な関わりを持つことができる。いわゆる世間話、井戸端会議向きの話し方である。よく気がつき、ニコニコと愛想がよく、誰の話にも合わせることができる和子さんはつきあい上手である。

当時の多くの女性たち同様、結婚して専業主婦になることが、和子さんが漠然と考えていたライフコースだった。一戸建てに住むことも、そのライフコースに含まれていた。言うならば和子さんは漠然と描いていたライフコースどおりの人生を歩んできたのだが、その和子さんが最も好きな自分は、百貨店に勤めていたときの自分である。洋裁学校出ということでピンうちを任されていたことも誇りだった。その誇りが何かにつけて出る「洋裁学校を出ているから」という言葉となって表現される。

それでいながら、和子さんは「なぜやめてしまったのだろう」という問いは持たない。和子さんの子育て期は勤労者の給与が伸びる時期でもあり、自分もパートに出て小遣いを稼ぐこともできた。不満がなかったために問いを持たなかっただけではなく、周りの人に気を使いながら生きてきた和子さんには、そもそも自分への問いがない。あるのは夫の泰三さんはどう思っているだろうか、近所の人はどう思っているだろうか、子どもたちはどうしているだろうか、という他者の言動や機嫌についての関心である。そしてその人たちの動きに反応して行動する。反応の多くはケア的な言動であり、基準は和子さんが考えている「世間」である。

女性特有のケア役割と反応言語

他者のニーズを読み取り、そのニーズを満たすケア役割は、ある意味で、不足を満たす役割でもある。何の不足もなく、全て自分でできる人は、別の人にケア役割をしてもらう必要はない。したがってケア役割の担い手は、できていないことはないか、足りないものはないかと目をこらす。これを素早く発見する人はよく気がつくと言われ、先んじて不足を満たす人は気配りができると言われる。

子どもの周辺に不足を見つけたとき、子どもが小さければ母親がそれを埋めてやる。子どもが自分でできる年齢になれば、母親は不足を指摘して子ども自身にやらせる。

そのパターンをいつまでもやり続けるのが、和子さんのような母親である。脱いだ靴をそろえていない、バッグがリビングに置きっぱなしになっている、洗面台にピンが落ちていた等々の美恵子さんへの文句がそれである。ケア役割以外わからない和子さんの対人行動は、合わせるか、不足を見つけ指摘するか、夫の泰三さんにするように世話を焼き続けるかのいずれかである。

不足の指摘は、相手が食欲がないと言えば「しっかり食べなきゃダメよ」と言い、よく食べれば「そんなに食べたら太るわよ」と言うように、往々にして恣意的（勝手気まま）である。このように恣意的で一貫しないメッセージは、あらゆる葛藤中の母娘関係に見られる。ああやればこうやれと言い、こうやればああやれと言うようなものだが、これらはいずれも深く考えて発せられる言葉ではない。

レストランなどでも、子どもの行動にいちいち何かを言っている親を見ることがある。「ちゃんと座りなさい」から始まって、「ほらこぼすよ」「ちゃんとかんで」「左手！」「足！」などとずっと言い続けている親である。

こうした言葉、相手の言動に伴い、半ば自動的に発せられる言葉を、私は**「反応言語」**と呼んでいる。「反応言語」に意味はない。お腹を押すとおしゃべりをする人形のようなもので、子どもの行動を見ると反射的に出る言葉である。

不足を探すことに向けられてきた神経から発せられる言葉が否定的なのは当然だが、いいことは何一つ言わずに文句だけを言う和子さんがまさにそれである。娘の不足を指摘するために娘の行動を見ているようなものであり、娘はその言葉を気にする必要はない。

さきほども書いたが、反応言語に意味はない。それでも不愉快で聞き流せないという人は、自分がどういう形で母に抗議をしているかを振り返ってほしい。「何でそういうことを言うの」という質問の形や、「そういうことを言うのはやめて」という依頼の形で言ってないだろうか。これはまるっきり効果なしである。「何でそういうことを言うの」と問えば、「あんたができていないから」と、さらに不快なことを言われ、「言うのはやめて」と言えば「あんたがちゃんとしないからやめられない」という責任転嫁が行われる。こんな言い方をするぐらいなら、ふくれて不機嫌な顔をしているほうがましである。

反応言語への対応として効果があるのは、言っていることの意味を的確に指摘、確認するか、きっちり怒るかである。

言っていることの意味を的確に指摘、確認するとは、美恵子さんの例で言えば、「英文に行っている子は上品で、食物科に行っている子は品がないということね」と、真面目な顔をして確認するようなことである。真剣な顔つきでこう言えば、人の顔色を見る和子さんは「そうよ」とは言わない。「そんなこと言ってない」と言うかもしれないが、まずかったなと思えば、二度と同じことは言わなくなる。

また、きっちり怒るとは「そういう言われ方をするのは、食物科に行っている者として非常に不愉快である」ということを言葉でも口調でも態度でもはっきりと表現することである。「言うのをやめて」と頼む必要はない。どちらかというと「同じことを言ったら許しませんよ」というくらいの上から目線で言ったほうが効果がある。

和子さんのような人は、人の怒りや不機嫌は苦手である。苦手なところをつかれて逆に怒り出すかもしれないが、それを恐れることはない。元々ことを荒立てることが嫌いな和子さんのような人は、こちらが態度を変えなければ、それ以上言わなくなる。**自分が親であることをアピールする以外に目的のない反応言語は、他者の強烈な、不快感の表明をおしてでも表現され続けられるほどの意味も力も持たない。**

母親が娘を手放せない理由

母親の「証人」としての娘

こうしてジェンダー教育を受けて育った娘は、他者を思いやり、他者のニーズを読みとることができる大人になる。人の気持ちに敏感な娘は、人が傷つくようなことは決して口にしない。傷ついている人がいれば寄り添い、話を聞き、何かの手助けはできないものかと心を砕く。

男性である息子や夫は、自分のケアをしてもらうことは考えても、自分がケアをすることは考えない。母と同性である娘は、母の側に立ち、そんな男たちに腹を立てる。**夫や息子を世話をする立場にある母親にとって、娘だけが、家の中で自分を癒やし、支えてくれる人となる。**

母親は、その娘を相手に自分の苦労話を聞かせる。娘たちは、母と同時代を生きているかのように、母を取り巻く人々について知り、母のフィルターを通して、それらの出来事を判断する。

両親の仲が悪い娘は、母の価値観をそのまま受けとり父親を嫌悪する。あるいは父と母の間に立ち、何とか二人の間をとり持とうと腐心する。

いずれにせよ、**母の不幸を吸収するのと同様に、娘は母の怒りや不如意感をも吸収していく。娘は、母親の不幸や正しさを証明する存在となる。**

娘たちが抱える罪悪感

現在の世の中には、母娘が仲がよいのは当然とする思い込みがある。そのために母に否定的な感情を持つ娘は、自分自身のありように罪悪感を抱く。娘から否定されている母親も、そうした関係のありように不満を抱く。そして多くの母親が**「自分の育て方が悪かった」**という言葉を口にする。**この言葉は、一見自分を否定しているように見えるが、否定しているのは自分ではなく娘である。**

この言葉を口にする母親たちには、明確ではないけれど、あるべき娘像がある。それはたとえば、一緒に買い物に行ってくれる娘であり、ことあるごとに実家に帰ってくる娘である。**世間から指弾されない程度に世間に合わせた人生を歩みつつ、自分のもとを離れない娘が、母親が望む娘のありよう**である。

このとき母親は、半ば無意識にではあるが、娘への手助けと引き換えに、娘からの感謝を期待している。新しい家庭を持った娘がそこで人間的に成長していく。当然、心理的にも物理的にも母親から離れていく。そうした娘の行動が、母親には、援助が必要なときだけ頼ってきて、援助が不要になったら、顔も見せなくなる身勝手な行動と映る。そして「成長しなさい、だけど親離れはしないでね」という矛盾したメッセージが娘に向けて発せられる。

娘に無用の苦しみを与えないのは、このようなときに、たとえやせ我慢であれ、娘が離れていくのを受けいれられる母親であるが、自分の幸せの根拠が娘にしかない母親は、離れていこうとする娘にしがみつく。母親を振りほどくことができない娘は、自分の人生を生きられないままに立ちすくむことになる。

また娘が優秀であることや、自分が果たせなかった夢を娘が果たしていることに喜びを感じる母親もいる。このような場合、娘を支えることが母親の生きがいとなる。そして娘のありようが幸せの証明となるのだが、娘の側は自分の人生を生きているのか、母親の夢を生きているのかわからなくなる。こうした道を歩いてきた娘にとって、歩む道の変更は、これまでの自分の人生を否定することになりかねないだけでなく、母親に対する強い罪悪感を感じることになる。

こうして深刻な葛藤状況に置かれた娘が、母親への怒りにとらわれることがあるが、娘の怒りは、母親の目には、娘の弱さや未熟さと映る。その怒りや攻撃は、根拠のない八つ当たりと映り、この未熟な娘を何とかしなければと、さらに娘への執着を深める結果となる。このとき発せられるメッセージは「大人になりなさい。だけど私の言うとおりにしなさい」である。

「よい母親」であることの承認

「母」である経験は、女性たちに多くのものを与え、女性をパワフルにする。かけがえのない存在を手にした幸福感、この子のためなら何でもするという使命感、子どもに慕われ、全面的に頼られることでもたらされる万能感など、**自分がこの世界で価値ある存在であることを、子どもは感じさせてくれる。そして不幸の証明であれ、幸せの証明であれ、子どもは自分の人生の証人となってくれる。**子どもを証人としたこれらの証明は、同時に彼女たちがどのような形であれ「よい母親」であることを証明するものとなる。

「よい母親」には定まったモデルはない。友達親子をよしとする考えがある一方で、孟母三遷《もうぼさんせん》のような親もよしとされる。そのため、一人の人間でしかない母親は、自分が考える「よい母親」の基準に合わせて子育てをする。子どもが社会に適応する大人に育てば、一応子育ては終了するが、その子育てをした母親が「よい母親」であるかどうかは、また別である。「よい母親」かどうかを評価できるのは、その母親の子どもだけであり、社会からいくら「よい子育てをした」と言われても、子どもに「最低の母親」と言われたら、「よい母親」たらんとするそれまでの努力は水泡に帰す。そのために**「母であること」がアイデンティティの大部分を占めている女性は、無自覚なまま子どもに「よい母親である」という承認を求める**ことになる。

男の子にとっての「よい母親」とは、子どものことを思い、子どものケアをしてくれる人である。227ページで紹介した「男の子って、どうしてこうなの？」というタイトルに代表されるように、母親にとって、男の子を育てることは「何で？」「どうして？」の連続である。幼いときの自分とは異なり、自分と違う人生を歩む男の子に対して母親は、自分の人生を重ねることはできない。ジェンダー規範のうえでも去っていく存在である男の子に、母親は他者としての距離を保つことができる。

女の子に対して母親はこうした距離を保つことができない。**母親にとって娘は自分の人生の縮図であり、娘の歩む道は自分が歩いた道と重なる。娘が将来犯すであろう間違いや失敗も、娘を待ち受けている不幸や苦労も、母親は既に知っている。それらが全てわかる母親は、成長していく娘を案じ心配する。**

心配はするが、母親は息子にするようなケアを、娘には与えない。息子に与えられる励ましは、娘には与えられず、自由にのびのびと行動することを妨げる「pull & push」のメッセージが与えられる。それでも、その母に伝えられたジェンダー規範が、娘に母を傷つけてはいけないと言い、母を支えるようにと命じる。

人の気持ちを察するトレーニングをされ、母の物語を聞いて育った娘は、母の欲望、母が自分自身をどう見られたがっているかを知っている。つまり母親がほしがっている承認がどのようなものかが、娘にはわかるのである。

しかし、母親の感覚と娘の感覚は異なり、母自身の評価と娘の評価とは違う。母親のケアも娘のニーズとはずれている。それにも関わらず、娘は、母の欲望に沿った形で「よい母親」という承認を母に与えなければならない。**母親も自分自身も偽らなければならない娘は、無用な罪悪感を抱える**こととなる。

母以外のアイデンティティを持たない女性は、こうした娘の苦痛に気づかず、娘からの承認を求め続ける。そして自分に対するケア担当者であり、承認役でもある娘をいつまでも手放すことができない。

CHAPTER

4

あなたを苦しめる母親とのつきあい方

娘を苦しめる母親、七つのタイプ

これまでに紹介してきた六組の母娘関係をふまえて、娘を苦しめる母親タイプを分類すると、次の七つに分けられる。

①ベッタリ母（娘に甘える母）

（例）大人になれない母と、それを支える娘……哲子さん（EPISODE1、8）

（例）娘に頼りきる母と、それを支える娘………秋子さんに頼るようになってからのみどりさん（EPISODE2）

②過干渉母（娘のために何でもしてくれる母）

娘が母に頼りきるようなら、母娘癒着の「カプセル母娘」となる。

（例）秋子さんに頼るようになる前のみどりさん（EPISODE2）

ただ、娘がうるさいと感じるようなら過干渉母となる。

③無関心母（母親らしい情緒が感じられない母）：（例）佐代子さん（EPISODE3）

④完璧で重い母（しっかり者で何でもできる母）：（例）恵子さん（EPISODE4、7）

⑤かわいそうな母（自分の人生を生きられなかった母）：（例）恵子さん（EPISODE4、7）

⑥残酷な母（娘を傷つける母）：（例）千代乃さん（EPISODE5、9）

⑦言うことが矛盾だらけで口うるさい母：（例）和子さん（EPISODE6、10）

ここからは、娘がこれらのタイプの母親とつきあうとき、どのように対応したら、自分を傷つけずに済むのか、その具体的な方法を紹介する。

ぜひ参考にして、あなたを苦しめる母親から自分を守り、自分の人生を取り戻してほしい。

①ベッタリ母とのつきあい方

●役割から降りる

「ベッタリ母」とは、EPISODE1、2で紹介した遼子さんや秋子さんのお母さんのような母親のことである。

遼子さんの母親、哲子さんは大人になれない母で、娘である遼子さんに、親か姉に対するかのように依存している。

秋子さんの母親であるみどりさんは、最初は娘のために何でもしてあげる母、娘を自分に依存させる母だった。このときの秋子さんは、自分が母の生きがいになることで、つまり母に依存、支配されることで母を支えていた。その母が病を契機に秋子さんに依存するようになる。みどりさんの依存は、高齢者あるいは病者としての依存であり、秋子さんが担わされていたのは、どのようなときにも駆けつける介護者役割だった。

哲子さんにしろ、みどりさんにしろ、娘が支えるには重すぎる母である。娘は次第に苦しくなる。**母親に依存されて苦しいようなら、自分が何の役割を担わされているかを考えてみるとよい。**

遼子さんの場合は、先述したように親あるいは姉のような役割をさせられている。哲子さんが「どうしたらいい?」と、あたかも子どものように、遼子さんの懐に飛び込んでくるために、遼子さんは自分の意思とは関係なく年長者のような役割をすることになる。秋子さんも不安におびえ取り乱すみどりさんに、ケア役割の側に押しやられている。

この母たちから逃がれる方法の一つは、そうした役割を引き受けないことである。

遼子さんなら今までやっていた親役割をやめる。たとえば休みの日、遼子さんは、時間の観念のない哲子さんに「そろそろ夕飯の支度にかかったら」と声をかけている。この声かけは親そのものである。子どもが声をかけるとしたら「ご飯まだなの?」である。このとき遼子さんは大学生なので、自分で勝手に何か作って食べてもいい。「食べちゃったの？」と言われたら、子どもらしく「だってお腹すいたんだもの」と答えてもいい。

親役割と子ども役割とでは、使う言葉がこれほど違うのだが、遼子さんが親役割を引き受け続ける限り、哲子さんは子ども状態から抜け出せない。みどりさんは秋子さんが「死にたいなら死ねばいい」と介護者役割を放棄したときに、自分で起き上がり歩き出している。

大人になれない親にも、家事を全くしない親、子どもを自分の遊びに連れ回す親、子どもの真似ばかりする親などさまざまなタイプがある。家事を全くしない親の場合、娘が母親代わりを務めることがある。葛藤がない場合はよいが、**不満を感じ始めたときには、負わされていた役割から降りる**ことをお勧めする。

もちろん母親の病気その他で、誰かが母親役割を担わざるを得ないときもあるが、そのときも、父やきょうだいにまで母親代わりとされないよう、全面的に担うのははやめたほうがよい。すでに担ってしまっているなら一部だけでも降りることを勧めたい。秋子さんの場合も、フルタイム介護者から週一介護者になることで、母との関係が変わっている。

●距離を置く

EPISODE1で紹介した遼子さんは、あまりにも母親がベッタリしてくるので「逃げるしかない」と独断で一人暮らしを始め、母親と物理的距離をとることに成功している。

EPISODE2の秋子さんは、母と会う日を週一日だけにして、それを守っている。近隣に住んでいることは変わらないが、時間枠を決めるという方法で時間的な距離を保っている。

EPISODE5で紹介した、自分が持って行ったいなりずしにケチをつけられながら「弟の修が買ってきたものなら腐っていてもおいしいとこの人は言うんだろうな」と冷めた思いで母親を見る多喜子さんは、母親に期待をしないことで、心理的な距離を保っている。心理的に近づいては傷つけられた経験がとらせた距離である。

現在、親からの電話をとらないEPISODE3の美智子さんは、連絡をとらないことで、母親との間に心理的距離をとっている。いつまでと期限を決めていないが、母親に対する気持ちの整理がつくまでこの状態が続くのかもしれない。

このように**距離を置くことは、あらゆるタイプの母親との関係で有効な方法**であるが、ベッタリ母の場合は、母親のほうから離れることはない。中途半端な離れ方をしても、追って来かねない。**母親から身を引きはがすようにして離れない限り、娘が心理的に窒息してしまいかねないのがベッタリ母**である。

遼子さんと秋子さんは、現在の距離が適切であり、苛立つことも自己嫌悪を感じることもなく過ごすことができている。このような経験を通じて、娘は母との距離がコントロールできるようになる。

●意思をはっきり伝える

EPISODE2で紹介した秋子さんは、母親のみどりさんからの電話に追い回されヘトヘトになっていた。**娘にしょっちゅう電話をかけてくる母親は、娘のことを心配しているようだが、実は自分が不安に耐えられないのである。**

その不安を収めるために電話をかけてくるのだから、留守番電話にメッセージが入っていたとしても、いちいち答える必要はない。留守電を入れておけば娘が電話をかけてくるとわかると、母親は何度でも電話をかけメッセージを残すようになる。

こういうとき、「今度から留守電にメッセージが入っていても電話はかけないからね。わかるでしょ？　忙しいんだから」などと一度言い、それ以降かけないようにするといい。

それを言っておかないと、「留守電に残したのに、どうしてかけてこないの？」というメッセージがまた入ることになる。**「今後、電話はかけ直さない」と、はっきり一度伝えておくことが大切である。**

②過干渉母とのつきあい方

●絶対に譲らない

EPISODE2で紹介した、調子が悪くなる前のみどりさんのように、娘のために何でもしてくれる母親がいる。娘がそれを受けいれ頼りきるようなら「カプセル母娘」となる。「カプセル母娘」「一卵性母娘」「母娘癒着」などとも呼ばれるのは、調子が悪くなる前のみどりさんと秋子さんのような母娘である。

周囲にどのように見えようとも、本人たちが問題を感じないのなら、それはそれでいいが、仮にみどりさんのような母親の世話を娘がうるさいと感じ始めたらどうしたらよいだろうか。

仮に10の仕事をやってくれているとしたら、まずは8程度に減らす。ようするに、

少しずつ依存度を減らしていくのだ。たとえば秋子さんのように何もかもしてもらっているなら、「食事の支度はお願いするけど、洗濯は自分でするのでほっといて」と言う。そして様子を見る。

娘の注文を受けいれるようなら、次第にしてもらうことを減らしていけばいいが、そもそも簡単に注文を受けいれるような母親なら、娘が苦痛を感じるほどの過干渉にはならない。だから、おそらく注文の多くは受けいれられないだろう。その場合はどうするか。

最初はカッカせずに注文を繰り返す。「洗濯は自分でするからほっておいてと頼んだでしょう。遠慮しているのでも何でもないの。自分でしたいんだから触らないで」と、CHAPTER3の「女性特有のケア役割と反応言語」（242ページ）で書いたように、はっきりと伝える。**お願いすることも、頼むこともいらない。しっかりと伝えるだけでいい**。

仮に母親が「いいのよ。そんなに時間もかからないし……」などと言い出したら、「お母さんが大変そうだから言ってるんじゃないの。自分でしたいから触らないでと言ってるの」としっかりした口調で、同じことを繰り返す。母親が「わかった」と言うまでこれでいい。難しくてできそうもないと思う人は、自己主張トレーニングなどで練習するといいかもしれない。

そして注文違反が何回か繰り返されたら、「何度も伝えたけれど聞いてもらえない。こんなに聞いてもらえないなら、洗濯以外のことも全て断りたい」と予告する。母親は激怒するかもしれないが、おびえずに続けよう。激怒した母親が「わかった。もう二度とあなたの家の手伝いはしない」と言ったら、「どうぞ」と言えばよい。

これを実行するには覚悟がいるが、ここで折れてはいけない。そして実際に全てから手を引いてもらう。渡していた鍵も返してもらい、自分からは折れない。絶対に譲ってはいけない。

そうは言っても、子どもが病気をするなどで、手伝ってもらいたいことが起こったときには、どうするか。日時と頼みたいことをはっきりさせ、申し訳ないけど手伝ってほしいと伝えるとよい。

「あんなこと言ったんだから、もう手伝わない」と言われたら、「わかった」と言って、ほかの方法を探すしかないが、大概は「自分でやるんじゃなかったの?」などと憎まれ口をききながら手伝ってくれる。

遠慮がちに示された境界線など、過干渉な人は軽々飛び越えてしまうので、境界線を引くときは、はっきり、きっぱり、明確に「ここまで」と引く必要がある。

③無関心母とのつきあい方

●情緒的な関わりを断念する

ＥＰＩＳＯＤＥ３の美智子さんの不満は、母親が自分に関心がないかのように感じられること、何でもお金とおばちゃんで済ませようとすることだった。

佐代子さんのように忙しい仕事を抱えている母親、仕事ではないが、親戚づきあいや介護などで、ほかのことに気がまわらない母親、自身が何らかの問題を抱えていて子どもどころではない母親など、理由は違うが、美智子さんのように親からの関心が得られないことで傷ついている娘はいる。

高校生の頃にこちらを振り向かせようと、非行に走るなどあらゆることをしたが、最後まで母親は変わらなかったという人がいるが、変わらない理由もさまざまである。仕事が忙しくて子どもに関心を示せない場合や、社会運動や宗教活動にエネルギーの全てを振り向けてしまっている場合、病気など母親の問題がある場合もある。さらに、佐代子さんがそれに当たるが、そもそも情緒的な表現をしない母親、合理的で無駄のない発想と行動しかできない母親もいる。

母親なら誰でもあふれるほどの愛情を子どもに示すことができるというのは神話である。「乳児期を過ぎたら、それほど子どもに夢中になれなくなった。自分は母親としておかしいのだろうか」という相談を受けたことがあるが、彼女を不安にさせているのは、「母親なら子どもを愛せるはずだ」「母親なら何よりも子どもを優先させて当然だ」「子どもの成長そのものが母親の喜びだ」等々の神話である。こうした神話はそうではない母親を苦しめるだけでなく、そうではない母親を持った子どもをも苦しめる。自分以外は、みんな母親からたっぷりと愛されていると思うからである。

母親に気にかけてもらいたい、ベッタリと関わってもらいたいと思っている美智子さんには、佐代子さんの行動は儀礼的で気持ちがこもらないものに見える。節目節目の挨拶と送金も、ありがたいとは思うが、喜ぶ気にはなれない。

孫に宛てたハガキだけに、美智子さんがほしい情緒、孫を思う気持ちが感じられ、読むと涙が出てくるのだが、それ以上のものを求めても、おそらく佐代子さんには伝わらない。できないこと、持っていないものを求めても、何を求めているかさえわかってもらえない。求めれば求めるほど、虚しさや寂しさが募り、傷つく。

佐代子さんのような**情緒的な表現をしない母親から濃い情緒をもらうことは断念する以外にない。**

●情緒の供給役を、ほかに探す

自分で選んだわけではないが、美智子さんには祖母やおばちゃん、ねえやなど、情緒的な関わりをしてくれる女の人がいた。今は、夫と娘がいる。

ほしいものが与えられないときは、与える能力や与える余裕のない母親からもらおうとするのではなく、ほしいものを与えてくれる人を、ほかに探したほうがよい。美智子さんのように、自分に関心を示してくれない母、愛されていることを感じさせてくれない母を持ったとき、自分に関心を示し、心理的支援をしてくれる人を探すこともできるし、音楽や美術など趣味に没頭することで情緒的な満足を得ることもできる。

水のない井戸に何度も何度もつるべを落とすことはやめ、新しい井戸を探しに行くことをお勧めする。新しい井戸を見つけたからと言って、母親と縁が切れるわけではない。情緒的に淡白な母親に見合った淡白な関係を結び直すことができる。それなりに温かい関係を結ぶことができるかもしれない。

母から得られなかった「飛び立て」という励ましを、教師や先輩など、ほかの女性から得て、自分の人生を生き始めた女性も数多くいる。

娘を癒やし、勇気づけることができるのは母親だけではない。

④完璧で重い母とのつきあい方

●直接対決を避ける

ＥＰＩＳＯＤＥ４で紹介した聡子さんは、「しっかり者で何でもできる母」の関心が自分に向くことで重苦しさを感じるようになるが、「しっかり者で何でもできる母」というのは、それだけで重苦しい存在である。

ＣＨＡＰＴＥＲ２の「全ての親子関係は〝肯定〟から始まる」（１６３ページ）で紹介したとおり、母親は監視する人であり、罰を与える人でもある。その人が完璧であればあるほど監視される側が感じる恐ろしさは増す。恐ろしさが増せば、うっとうしさも増す。拒否できない聡子さんは、母が作ったものを飲み込むことさえ困難になっている。

これほど力の差があるときに表立って逆らう直接対決は難しい。母親と直接関わらずに食事を拒否するには、たとえば食事がいらない日はカレンダーに「×」と書くなどの**ルールを決める**とよい。毎月、月始めに「×」を入れ、新たな用事ができたときも「×」を入れる。そうすれば母親も食事の支度をして待っていることはない。

予定がキャンセルになっても、その日は外で食事を済ませて帰る。いったん不要と言ったなら、それは絶対に崩さない。そうしているうちに、食事の支度をしないことに母も慣れていく。

●罪悪感と戦う

娘の側は「予定がある」と嘘をつく罪悪感と戦わなければならないが、罪悪感は、これまで母の意に沿う行動をしてきた自分が、母の意ではなく、自分の意に沿って行動していることのサインである。

したがって、罪悪感を感じたなら、その行動は自分のための行動として間違っていないことになる。**罪悪感は自分が自分の人生を行き始めた証であることを知れば、その苦しさも少しはラクになる。罪悪感をねじ伏せながら行動しているうちに、罪悪感は薄らいでくる**。母の意に沿った行動をやめることで、娘の心の中で大きな位置を占めていた母親の存在が徐々に小さくなっていくからである。

罪悪感と同様に戦わなければならないのは、「外で食べてばかりで大丈夫なの？」という母親からの干渉である。完璧な母親であれば、栄養や経済を理由に、「家で食べたほうがいい」と迫ってくるかもしれない。母からの干渉を排するためには、直接対決を避けて「そうできるようになったらそうする」と答えておけばよい。

そのためにも、カレンダーに「×」を付け始めるときに、それなりの理由を作っておいたほうがよい。たとえば、「会社で新しいプロジェクトがスタートして、就業時間後の会議が続くので」とか、「習い事を始めたが、土曜日の枠がいっぱいなので、そこが空くまで木曜日の枠に行く」などのように、である。

この**嘘をつくことで感じる罪悪感は、自分の人生のスタートを切るための通過儀礼、言うならば母の娘であった自分と別れる痛み**である。

しばらくは「いつまで続くの？」とか「まだ土曜日の枠に入れないの？」とか聞いてくるかもしれないが、その状態が続けば、その日、娘が家で食事をとらないことに母も慣れてくる。

⑤かわいそうな母とのつきあい方

●母の不幸は子どものせいではない

EPISODE4で紹介した、祖父母のケアで苦労をしている母親を見ている聡子さんには、母の人生は一体何だったのだろうという思いがある。ケア生活から解放されたのだから、少しは自分の人生を楽しんでほしいと思うのだが、母は聡子さんの提案を頑なに受けいれない。もし母が自分の人生を楽しんでいたら、食事を拒否することもこれほど難しくなかったかもしれない。

聡子さんの中には、自分の人生を生きてこられなかった母を、これ以上踏みつけにはできないという気持ちがある。しかし、EPISODE9の千代乃さんの話でも書いたが、**母を不幸の中に置き去りにしているのは、母自身**である。時代の限界、環境の限界があったにしても、黙って理不尽さを受けいれる以外の方法もあったはずである。

娘には、母の不幸への責任はない。母に幸せになってほしいと願うのは、子どもとして当然だが、そのために自分の感情や自分の人生を犠牲にすることはない。それでは母が歩んだ人生と同じ人生を生きることになる。

●一人で幸せになる

「一緒に幸せになろう」と言っても動かない母親には、諦める以外にない。ずっと沼の中に浸かって、ジクジクベタベタとした気持ち悪さを当たり前のこととして暮らしている人に「こっちに上がっておいで。乾燥して気持ちがいいよ」と誘っても、気持ちのよい状態が想像できない。また、これまでずっといた沼から出て、知らない世界に踏み出すことも怖くてできない。不幸の中にとどまり続ける母も同じである。

このような母を何とか沼から引きずり出そうと頑張っていると、自分まで不幸の沼にひきずりこまれかねない。不幸の沼の中に母と娘で沈んでいるよりも、残念だが、母を諦めて一人だけでも浮き上がったほうがよい。

私の師の河野貴代美さんは「**たとえ一人を不幸の中に置き去りにしても、女二人が不幸せでいるより、一人だけでも幸せになったほうがよい**」とよく言っていた。私も全く同感である。

娘には、母の幸不幸への責任はない。一人でさっさと幸せになったほうがよい。EPISODE2の秋子さんが介護者役割をやめたら、みどりさんが病人でいるのをやめたように、沼の淵から離れないはずの娘がいなくなれば、母はおそるおそる沼から出てくるかもしれない。

もし仮に母が沼に沈んだままだったとしても、それは母の選択であり、娘には責任がない。**娘に責任があるのは、娘自身の幸せである。**

⑥残酷な母とのつきあい方

●つきあいを断つ

「母親は誰よりも子どもを愛している」とか「母親は自分の身を捨ててでも子どもを守る」という神話と全く異なるのが、EPISODE5の千代乃さんのような母である。

千代乃さんは、言葉の刃で娘を傷つけているが、家族の中で娘のぶんだけ食事を用意しないなどの差別をする母親や、娘の貯金を勝手におろして使ってしまったり、娘の悪口を親戚中に触れ回ったりする母親もいる。

こうした**娘を傷つける母親とはつきあわないに限る。そこに長くとどまることは、自尊心を損ない、ますます自分を無力にするだけである。逃げるのが最上の方法である。**

千代乃さんのように、不本意な結婚生活で溜め込んだ怒りを呪いのように娘に向かって吐き出す母親がいる。

繰り返すが、母親の不幸の責任は、娘にはない。**自分の心を守ることを最優先に、母親とのつながりを断つ**ことを勧める。つながりを断つとは、音信不通になることではない。それができればそれに越したことはないが、多喜子さんの例のように、看護をしながら心を開かないこともまた、つながりを断つ方法である。秋子さんがしたように週一回だけ関わり、あとは関わらないという方法もあるし、ケアをお金で代替する方法もある。

とにかくつながろうとしないこと。これが、こうした母親から自分を守る方法である。

●わかってもらおうとしない

千代乃さんのような母親は、娘が関係を切ろうとすると、恩知らず、親不孝者と非難の嵐を浴びせてくる。しかし、いくら親身に尽くしても、決してありがとうとも言わず、親孝行とも言ってはくれないのが、こうしたタイプの母親である。**一生懸命やってもイエスと言ってくれず、何もしなくてもイエスと言ってくれないのなら、何もしないほうがよい。**

多喜子さんは贈り物をして感謝されることや喜ばれることはとっくに諦めているが、怒鳴られるよりはましと、怒鳴られないための保険料を払うようなつもりで贈り物をし続けている。それが、多喜子さんが編み出した自分を守りながら千代乃さんとつきあう方法である。

娘にひどいことをしておきながら、娘が離れようとすると猫なで声で近寄ってくる母親がいる。そのようなとき、娘は母親がわかってくれたのだと思い、気を許すが、大概は煮え湯を飲まされる結果となる。多喜子さんも現在の方法に落ち着くまで、何度も「今回は喜んでくれるかもしれない」と期待を抱いては傷つけられている。

いくら猫なで声で近寄ってこようが、手紙をもらおうが、ハガキをもらおうが、反応せずにいると、母親は父親や親戚などに援軍を求める。父親は「いい加減にしなさい」とか「早く帰ってきなさい」と言う程度だが、厄介なのは親戚である。

母親も、娘をどなりつけ、わめき続ける姿を誰かれなく見せているわけではない。外にはよいお母さん、上品な奥さんに見せている例がほとんどである。そのために、母親から相談を受けた相手から「お母さんが心配してるわよ」とよけいなことを言われることがある。「いろいろあってね」程度では、相手は引き下がらない。

こういうときは、「知らないと思うけど、私はずっとお母さんからお金を取られ続けてきたのよ」と本当のことを言おう。「母からほめられたことがない」程度では「そんなのどこにでもあることよ」などと軽く扱われるので、なるべく聞いた相手がびっくりするようなことを言ったほうがよい。**母親をかばう必要も、あなたが恥じる必要もない。**多喜子さんの場合なら、「面と向かって夫を馬鹿にした」などと言うのが効果的かもしれない。

それでも相手が母に連絡を取れと言うのなら、その人とも連絡を断てばよい。**母親の味方をする人にわかってもらう必要もなければ、つきあう必要もない。**

⑦ 言うことが矛盾だらけで口うるさい母とのつきあい方

●はっきり抗議する

言うことが矛盾だらけなのは、基本的にどの親も共通である。人間そのものがそういう存在なのだから当たり前と言えば当たり前なのだが、**娘にとって苦痛なのは、母親が自分の矛盾は棚に上げ、娘の不足をついてくるから**である。娘の不足をつく言葉が熟慮の結果の言葉ではなく、「反応言語」であることは先述した。反応言語を鍛えている人は、ああ言えばこう言うと、決して負けていない。

何かを言われて「お母さんだって」と返すのは、反応言語同士の罵り合いである。お互いの落ち度を探しての揚げ足取りの応酬であり、不毛このうえない。しかも、この勝負は大概は母親が勝つ。娘とは年季が違うから当然である。

反応言語を使う人は、基本的には非主張的で、娘には強いが、ほかの人には何も言えない人が多い。娘は母親と同じツールを使わずに、きちんとした主張の方法を学んで反応したほうがよい。

CHAPTER3（244～245ページ）で紹介したような、**きっちりとした抗議をすれば、反応言語への応酬しかできない母親はそれ以上は言わなくなる。**

●聞き流して黙る

何度も言うが、反応言語には意味がない。意味がない言葉が示すことに応えようとしても無理である。意味がない言葉の意味を考えても、それこそ無意味である。

鳥のさえずりや小川のせせらぎを聞くかのように聞き流せればいいのだが、聞き流せないときは席をはずせばいい。外で食事をしているときなどで席をはずせないときは、聞こえないふりをすればよい。ようするに反応しないことである。**こちらの言動を見て出てきた反応言語に反応しなければ、母親のほうもネタがなくなり黙るしかな**

くなる。わかってもらおうと思って説明をすることは、さらに反応言語を繰り出すネタを与えることになるので、黙っているほうがよい。

沈黙が居心地が悪いかもしれないが、おそらく母親のほうがもっと居心地の悪さを感じているはずである。どうにも間が持たなければ、本を読むか携帯でも見るか、とにかく母親の反応言語を引き出さないように振る舞うことができればよい。

自分の人生を取り戻すために

ここまでに六人の母親と、娘を苦しめる七タイプの母親への対応法を見てきたが、自分を傷つけず母親とつきあうために必要な四つのキーワードがある。

一つ目のキーワードは**「境界を作る」**である。基本的には、**どのタイプの母親に対しても、娘のほうから「境界を作る」ことが重要**である。境界の作り方はさまざまであるが、ここまでにあげたいくつかの対応法も、今後の母親とのつきあい方において参考になるのではないかと思う。

二つ目のキーワードは**「断念」**である。母が自分の望むものをくれないとき、それを断念することで娘は成長する。わかってもらいたい、愛してもらいたいと願いながらそれを手に入れられないとき、それに執着するのも、母親を罵り続けるのも、一つの方法ではあるが、そうしたからといってほしいものは手に入らない。

自分ではどうにもできない現実を受けいれることから成熟は始まる。それを受けいれたとき、268ページの「情緒の供給役を、ほかに探す」で説明したように、自分にほしいものを与えてくれる存在を探すことができる。娘でもない教え子に、あるいは後輩に、母親以上の愛情を注ぎ、育ててくれる女性はたくさんいる。母親を断念することで、そうした女性たちと出会うことができることを伝えたい。

そして三つ目のキーワードが**「恩知らず」**である。母からもらうことを断念した娘は、母にあげるものは、もうない。育ててもらったから、産んでもらったからといって、自分を犠牲にすることはない。

この世に産んでもらったことの、そして育ててもらったことの最大の恩返しは「よりよく生きる」ことである。よりよく生きるために、母の存在が枷《かせ》となるなら、枷をはずして前に進むしかない。母という枷をはずすことで、「恩知らず」「親不孝者」と言われるかもしれないが、**この世に生を受けた者の最大の義務は、自分自身の人生をまっとうすることである。**そのために恩知らずになることが必要なら、堂々と恩知らずになればいい。自分自身の幸福への責任、それが最大の責任である。

そしてもう一つ最後に、ぜひ**「仲間」**を作ってほしい。278ページの「わかってもらおうとしない」の中で、母と娘の関係を調整しようとするお節介に悩まされることがあると書いたが、母親は娘を心配し、愛しているという社会の思い込みは、あまりに強く、一人で立ち向かうと、自尊心も志も潰されかねない。

中山千夏さんは、大嫌いな母の介護ができたのは、「よくやっている」とほめてくれる何人かの仲間による自尊心の支えがあったからと言っているが、**母に立ち向かうにも、母と関わるにも、仲間が必要**である。まして母の呪縛から逃がれるための戦いを始めようとするとき、手ぶらで一人きりというのはあまりにも心細い。カウンセリングでもいい、講座でもいい。自助グループでも、価値観を同じくする仲間でもいい。とにかく**安心して母の悪口を言える仲間を持つ**ことを勧める。

オズの国から故郷に帰ったドロシーのように、母娘葛藤の本質についての知識とジェンダーの知識とを手に、あなたへの愛情を持っている仲間たちの援助を得ながら、自分の人生を取り戻す旅に出てほしい。仲間たちはどこにでもいる。みんな黙っているだけである。

CHAPTER

5

娘が母親になったとき知っておきたいこと

母になった娘が抱く子育てへの不安

母娘関係の講座をすると、母の立場で母娘関係を考えたいという参加者がいつも一割程度いる。この一割の母は、思春期あるいは大人になった娘との関係で悩みを抱えている母である。娘が引きこもりなどの問題を持っているか、何らかの理由で娘に攻撃されている母である。

この割合は長い間変わらなかったのだが、この二、三年、母の立場での参加者が二、三割程度に増えている。増えた一、二割の母親の子どもたちは、乳児から小学生まで。親への反抗も始まっていないような年齢である。

問題も葛藤も生じていないのに、なぜ母娘関係の講座に参加したのかを聞くと、「自分は母親から厳しくしつけられて辛かった。それなのに、子どもについ厳しくしてしまう、あるいは厳しくしてしまいそうになる。それを何とかしたい」というものから、「今は何の問題もないが、もう少し大きくなったら問題が起こると思う。そのときに子どもとの関係が悪くならないように勉強しておきたい」という予期不安のようなものまである。よりよい子育てをしたいという願いと同時に、子育てに不安を感じていることがうかがわれる。

この人たちを「母になった娘」と呼ぶことにするが、彼女たちは、自分は子育てで何か間違いをしてしまうのではないか、子どもにとってよくないことをしてしまうのではないか、その結果子どもに嫌われるのではないか等々の不安を抱いている。そのほかにも、自分はいい親にはなれないのではないかと考えて、子どもを持つことをためらっている女性もいる。

もともとあった一割の母たちは、子どもが問題を抱えたり、子どもから攻撃されるようになって、初めて講座に参加した人たちである。一時期反抗的だったり、親の思いどおりにならないことがあっても、大人になれば、娘にも世の理がそれなりにわかるだろうと考えていて、大人になった娘に攻撃されることなど想像もしていなかった母たちである。

「母になった娘」は、そういう子どもからの攻撃はあり得ることで、自分も例外ではないと考えている。彼女たちは子どもを社会に通用する大人に育てるのと同じくらい、子どもとの関係を大切にしたいと思っている。

子どもを一人前の大人に育てることは、昔の大人も重要と考えていたと思うが、「子どもとの関係」など考えただろうかと思う。子どもが親を大切にするのは自明のことであり、子どもが親に背く、あるいは親を嫌うことなど想像もしなかったのではないだろうか。そういう親たちは、嫌われようが、憎まれようが、親は親、子どものことは一番わかっている、仮に嫌われたとしても、子どもが親を捨てることなどありえないという自信を持っていた。

「母になった娘」は、この**母の自信が子どもにとって迷惑なものとなるときがあること**を知っている。また、自分と母親との関係を考えたときに、**母が思っているほどには、いい関係だと思っていない自分自身**に気づいている。自分はそういう親にはなりたくない、子どもに嫌われたくない。そう考える「母になった娘」は、**関係の維持には努力が必要だ**ということを知っている。しかし、子どものいやがることもしなければばいけないのが親である。

親としての機能を果たしながら子どもといい関係を保つには、どうしたらよいのか。ここからは、「母になった娘」が経験してきた母への葛藤を繰り返さないためのヒントをお伝えする。

母娘葛藤の連鎖を断ち切る10のヒント

①子どもは母が大好き

自分はうまく子どもを育てられないのではないか、子育てで何か間違いをしてしまうのではないか、子どもにとってよくないことをしてしまうのではないかということを恐れていると、子どもの泣き声が自分を責めているように聞こえてくる。ちゃんとしなければいけないと思っていると、子どもの失敗が自分への嫌がらせのように感じられる。

子どもというのはメチャクチャで、ルールも何もない存在なのだが、親はこの世のルールに従って暮らしており、食事中に立ち上がらない等々、そんな当たり前のことをさせるだけでヘトヘトになるのが子育てである。疲れていると、子どもがわざと自分を困らせようとしているように感じ、苛立ちも腹立ちも極限状態に達してしまう。

そういうときに、**子どもは母親が大好きだ**ということを思い出してほしい。EPISODE5で紹介した千代乃さんのような母親でも、子ども時代の多喜子さんに愛されていた。子どもの頃から多喜子さんは千代乃さんに罵られていたが、千代乃さんを困らせようとして失敗をしたわけではない。一生懸命気に入られようとしたが、うまくいかなかっただけである。わざと困らせるなどという高度なことは、子どもにはできない。

②子どもはこの世界の新人、何もできなくて当たり前

子どもには相手をわざと困らせるようなことはできないと書いたが、子どもが乳幼児であろうが、小中学生であろうが、子どもの問題で悩む親は、子どもが子どもであることを忘れているのではないかと思うときがある。

「這えば立て、立てば歩めの親心」という言葉がある。立つ、歩く、物をつかむなど

目に見える発達はわかりやすいが、物事を理解する力、感じ取る力、考える力などの内面の発達はわかりにくい。できないことがあったり、わからないことがあったら、今はまだできないのだと鷹揚《おうよう》に構えていてほしい。**発達段階でできないことはできないのである。**

子育ての悩みでよく聞く悩みとして、「お友達に自分のものを貸すことができない」「公園に連れて行っても一人で遊んでいて、お友達と遊ぼうとしない」「人のものと自分のものの区別がつかない」というものがある。これが2〜3歳児についての相談である。

できなくて当たり前である。もちろん、教え続けることは必要だが、できないからといって怒ることではない。ましてそれで自分の育て方や子どもの発達に疑いを持つようなことでもない。

つかまり立ちができるようになった子どもに、走る練習などさせないように、**できないときにできないことをさせようとしても無理、むしろ有害である。急がなくてもできるときがきたらできるようになる。**

同様に小学生、中学生の子どもにも、その子の力量以上の判断力や計画遂行能力を期待する親に出会うことがある。ひっそり期待しているのならまだしも、できて当たり前とばかりに子どもを責めたて、できないとなるとこの子の将来はどうなるのかと不安に駆られる。中学生の子どもに将来を見据えた人生設計など、無理難題もいいところなのだが、「勉強をしない」「勉強をしているふりをしてごまかす」「このままではどんな大人になるかわからない」と真剣に悩んでいる親も珍しくない。

もちろん、行きたい学校がはっきりしていて、それに向けて努力できる子もいるが、できない子もいる。だからといって、その子が落伍者になるとは限らない。自分の同級生たちを考えても、成績のいい子も悪い子もそれなりの大人、社会人になっているのではないだろうか。

また、自分が子どもだったことがあることを忘れている大人から見ると、子どもは信じられないほど何も知らないし、何もできない。子どもの成長に責任を持たされている母親にとっては、「そういうものです」では済まないのかもしれないが、**子どもはこの世界の新人**である。たとえば、自分が明日いきなり全然行ったことのない国に行って暮らし始めたとして、どれくらいたてば言葉が理解できて、どれくらいたてば適応できるだろうか。

3歳の子どもなら、地球人になってからまだ三年である。何もわからず、何もできなくて当たり前である。中学生でも十三～十五年。しかも社会にはまだ出ていない。世の中のことがわからず、将来のことが考えられないのも当たり前である。

③言葉に気をつける

この世界の新人である子どもは、複雑な表現は理解できない。自分が理解できる範囲で、聞いたことを判断する。したがって、親が「あんたなんか嫌いだ」と言えば、親が八つ当たりをしているとは理解せず、「嫌われた」と理解する。**八つ当たりという言葉があり、それがどのような事態をさしているかを知らないときには、八つ当たりという判断などできない**のである。

同様に、よく冗談で「橋の下から拾ってきた」などというが、親にとっては笑い話でも、子どもにとっては笑い話ではない。**そういう言い方を冗談として言うものだという理解がなければ冗談とは受け取れない。**

そういう意味で、気をつけてもらいたい言葉が、「世の中は厳しい」とか「今からそんなことでは大人になってやっていけない」というような言葉である。ようするに脅し。「そんなことをしたら嫌われるよ」というのも脅しである。**具体的には何をさしているかがわからずに、ただ脅される子どもは、社会に対していわれのない恐怖心を抱く**ことになる。

子どもに自信を持ってほしいと考えている親が、その自信のなさに苛立ち、「そんなことじゃやっていけない」と脅すことがあるが、子どもはますます自信をなくすだけである。

④情報に気をつける

生きていくには、「何とかやっていける」という根拠のない自信が必要である。この社会に関する情報が、「世の中は厳しい」「甘いものではない」「そんなことではやっていけない」というようなものばかりだと、子どもは世の中が恐ろしくて出ていけなくなる。子どもと同様に、親も子育てに関して「○○しなければ、こんな子に育つ」という脅しをメディアから受けている。

たとえば食の専門家が、食事のこういう点に気をつけないと、子どもの健やかな成長が期待できないと言ったり、豊かな食卓が子どもの情緒を育むと言ったりするようなことである。

教育産業は、受験競争に勝ち抜くためには、と言い、教育雑誌は、教育環境の重要性を主張し、心理の専門家は、子どもの心の健康について述べるというように、各分野の専門家がそれぞれの専門分野について様々な意見を言う。脅すつもりではなく、有益な情報を、と思ってのことだろうから、これらを脅しと呼ぶのは不適切かもしれない。

しかし、伝える側にその意図はなくても、情報にふれた親が不安を感じ、不安をあおられることはある。実際に専門家の言うとおりにしようと思ってもなかなかできるものではない。結果として親子双方の負担が増えるだけに終わることもある。

情報は十分に吟味して取捨選択する必要があるが、それぞれの専門家が言っていることは一般論であり、自分の子どものためのオーダーメイドではないことを常に意識しておく必要がある。

⑤子どもの成長に応じて手を引く

動物は子どもが自分で餌を取れるようになれば、追いやるように子どもを自分のものとから離してしまう。人間も貧しい時代には6、7歳から子守などの奉公に出され、親元を離れていた。だからこそ、休みで帰ってきた子どもを撫でるようにかわいがった。しかし今は違う。一緒にいようと思えばいつまでも一緒にいられるし、たとえ外国へ行こうと行き来は可能である。

アメリカに住む娘のところに毎年一カ月ほど行くなどという、昔では考えられなかったような親子もいる。また、通信機器の発達により、離れていても常時つながっていられる。親からの電話がしょっちゅうかかってくるという例は珍しくないし、頻繁にメールのやりとりをしている母娘もいる。

さらに、時代はテレビ電話の時代。ｓｋｙｐｅを常時オープンにしておかないと「何で切っていたのか」と怒る母親がいる。この母は電源を切られると拒否されたかのように感じるらしく、呼んでも留守で出ないのはかまわないが、オフラインになっていると怒る。いつでも部屋の中に母親が入り込んでくるような気分になるが、しかたがないので、娘はいつもパソコンをつけっぱなしにしている。

このように、今は子どもを追いかけようと思えば、いくらでも追いかけられる時代である。そのために、**子離れしようとしない親を持った子どもは、自分自身を親から引きはがすようにしないと親から離れられない**。そうやってもなお追いかけてくる親もいるが、親は子どもから拒否されたらそれを受けいれるしかない。

赤ん坊のときはひとときも目を離せなかった存在が、成長するに従い、少しずつ親から離れていく。そしてやがては親の知らない世界に旅立っていく。**自分が親の支配下から出たことのない人は、自分の知らない世界に子どもが足を踏み入れるときに不安になる。**

しかし、考えてほしい。幼稚園に入園した最初の日、泣いて追う子を置いていくのが辛くても、やがて親も子もそれに慣れる。小学校に入ったとき、最初は親子共々不安でも、すぐに慣れていく。子どもが初めて友達だけで映画を見に行くと言うとき、子どもだけで行かせていいんだろうかと親は不安になるが、子どもは平気で行って帰ってくる。そうやって親も子も、お互いの距離が離れていくことを受けいれていく。

いつ離れたらいいのかという適当な時期は、子どもが知っている。親は子どもに合わせるしかない。親が思う時期よりもずっと早く子どもは離れようとする。そのために親は不安になるが、ここは**やせ我慢**。子どもの決断を受けいれたい。このやせ我慢ができるかどうかに親の度量はかかっている。

⑥子どもに承認を求めない

CHAPTER3『「よい母親」であることの承認』（250ページ）でも書いたが、よい母親だと評価できるのは子どもだけである。そのために、子どもによい母親であることを認めさせたい気持ちが動くことがあるが、ここでもやせ我慢をしたい。その気持ちを子どもに向けて垂れ流さないように踏ん張ってほしい。

子どもが幸せな大人に育てば、それが自分が「よい母親」だったことの何よりの証明になる。**子どもにとっての最大の幸福は、何の心配もなく、親を捨て自分の人生に向かえること**である。

子どもに承認を求めると、子どもは親を捨てることができない。自分では気づかずに、子どもを自分の元に縛り付けてしまうかもしれない。子どもに自分の幸せ、あるいは不幸の証人になってもらうことも、結果として子どもを縛り付けることになる。**子どもをあなたの人生の証人にしてはいけない。**

⑦自分の人生に責任を持つ

子どもが安心して親を捨てることができるためには、親は幸福でなければならない。子どもは、いくら母親が「いいのよ、お母さんは」と言おうとも、不幸な母親を置き去りにして、自分だけ幸せになることはできない。自分の人生を幸福で充実したものにする前に親を救おうとする。それは子どもが、自分の幸せと引き換えに、親に幸せになってもらおうとする行為である。つまり親の幸せのために子どもが自分自身を犠牲にすることである。

しかし何度も言うが、子どもには親の幸せへの責任はない。**自分の人生に責任を持たない人、自分の手で幸福をつかもうとしない人は、いくら子どもが自分を犠牲にしてくれても、幸福をつかむことはできない。**

もし子どもがこうしてくれたら幸せになれるのに、と思っているとしたら、それは勘違いである。仮にその思いに子どもが応えてくれたとしても、幸せにはなれない。二人で不幸になるだけである。

親は親自身の努力で幸せにならなければならない。自分が自分の力で幸せになれば、子どもに証人になってもらうことも、承認を与えてもらうことも必要なくなる。ぜひ幸せになってほしいと思うが、幸せを経験していないと、EPISODE5の千代乃さんのように包装にこだわり本当の幸せを逃がすことにもなりかねない。

一つの目安として自分の機嫌を観察してほしい。いつもイライラしていたり、誰かに腹を立てているようなら、何かがうまくいっていないのかもしれない。人は一人で生きているのではないから、さまざまな譲り合いや我慢が必要ではある。しかしそれが、EPISODE7の恵子さんやEPISODE8哲子さんのように、たとえ一部であれ、自分を殺すものであってはいけない。

生きていくうえでのさまざまな制限を受けいれながら、なお幸せであるためには、どんな自分が好きかを考えてみるのもよいかもしれない。EPISODE10の和子さんは百貨店に務めているときの自分が一番好きだった。それを考えると、パートや内職などではなく、もう一度、仕事をチャレンジしてもよかったのかもしれない。**自分が死ぬときに、恨み事を言わずに済むように、自分の人生を大切に生きてほしい。それが**

自分と自分の娘、自分の周りの人たちの幸せにつながる。

⑧自分と子どもの関係を点検する

自分が「ベッタリ母」や「重い母」になっていないか点検する方法を紹介する。自分が子どものことをしょっちゅう考えていないか、子どもを忘れていられるかどうかがポイントとなる。

子どもが小さいとき、赤ん坊のときなどは四六時中子どものことを気にしているが、それが少しずつ気にせずにいられるようになる。幼稚園に行けば、また少し子どもから気持ちが離れていく。こうして子どもの成長に伴い、子どものことを忘れている時間が長くなる。子どもが小学校に入れば、忘れている時間は格段に長くなる。中学生になれば、さらに忘れている時間が長くなり、お友達の家に泊まりに行っても、気にならなくなる。大学生になって家を離れたら、お金を送るときと休みのとき以外思い出さなくなる。こうして自分の心の中で占める場所が少しずつ減っていく。

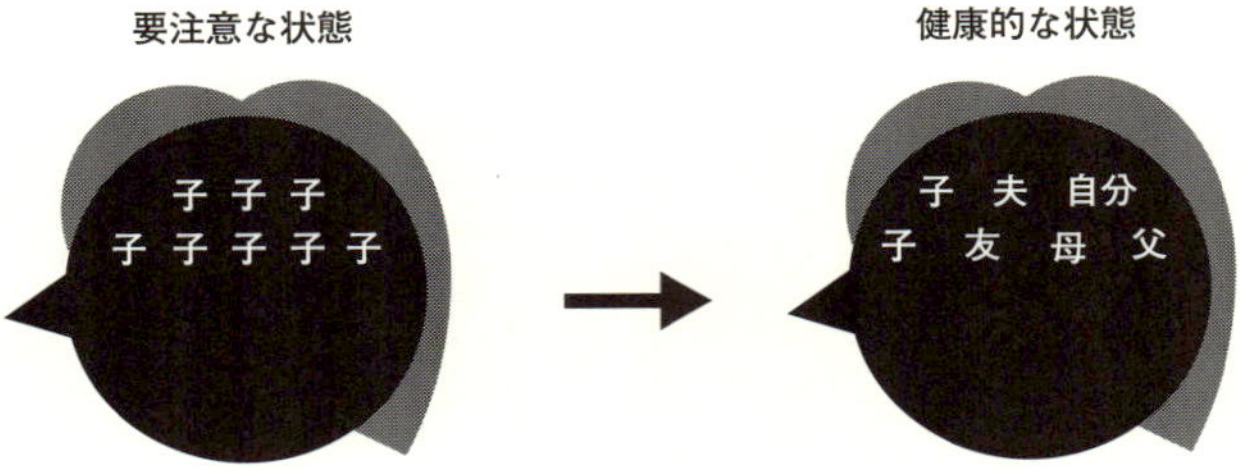

もちろん、病気をしたとか何か特別なことがあれば、占める場所が大きくなるが、通常は目の前にいない子どものことは脇に置いておけるのが健康である。**子どもが小学校中学年頃になっても、四六時中子どものことを考えているようなら要注意である。**

脳内地図をイメージしてもらうとわかりやすいかもしれないが、脳の中が「子」ばかりになっていたら、子どものことで頭がいっぱいの状態で危険信号である。「子」を追い出して、「夫」「母」「父」「友」など、ほかの人も入れよう。また、「仕事」「趣味」「旅行」「友人とのおしゃべり」のように、自分がやること自分を楽しませることも取り入れたい。

子どものことばかり考えて楽しくなさそうな親を見るよりも、楽しそうな親の姿を見せたほうが、子どもにとっては、大人になることに希望が持てると思うが、どうだろう。

⑨子どもの自尊心をいたわる

女の子の場合、社会の期待そのものが「Pull & Push」の矛盾したものとなっている。女の子に対する社会的役割期待が、結婚して子どもを産むこと、子どもを育てること、男性のケアをすることであることは、CHAPTER3でみてきた。

結婚するためには、広い範囲の男性から好かれるように容貌容姿を磨くことが重要であり、気配りや気遣いをはじめとした女らしさを身につけることが重要となる。ようするに男性から嫌われないような娘に育てることが重要なのだが、そうやって育てることが娘にとっての幸せにつながるとは限らない。一回結婚したら死ぬまで安泰という時代ではない。結婚しても離婚するかもしれないし、夫の会社が傾くかもしれない。そもそも結婚できるかどうかもわからない。

そうしたときに、容貌容姿を磨き、幸せにしてもらうことのみを考えていた女性が、自力で生き抜くことができるだろうか。結婚するつもりでいたとしても、一人になったら、一人で生計を立てなければならないのである。

また、男性に嫌われないように自己形成してきた女性が、セクシュアル・ハラスメントであれ、何であれ、自分を侵害されたときに、きっちり拒否できるだろうか。普段は人に悪い印象を与えないように、ニコニコして、いい子でいなさいと言いながら、セクハラ男にだけ毅然と対応しなさいと言っても無理である。

セクハラは、いきなりハードな被害を受けるのではなく、少しずつ近づき、試し、挙句の果てに、というような形の犯罪である。人の気を悪くしてはいけない、失礼なことをしてはいけない、という気持ちが強いと、最初に下心を持って近づいてきたときに拒否できない。そのために、気づいたときには抜き差しならない状態になっていることがある。**これからの時代、自分を守るためにも他者優先は役に立たない。**

娘を自分の権利の侵害に敏感に反応できる女性に育てるには、お手伝い等で自分のやりたいことを中断させる、ほしいものを我慢させるなどの他者優先のトレーニングをしないことである。人の都合に合わせて我慢ばかりしていると、それが当たり前になってしまう。かと言って、何でも与えよ、というのではない。ほかの家族と同等に扱うだけで十分である。お父さんより、お兄ちゃんより、弟より後回しにしないこと。ということは、**母親自身が自分を後回しにしない**ことである。母親が自分を後回しにしていると、母親をモデルにしている娘は当然ながら自分を後回しにするようになる。

自分がほしいものを主張すること、自分の意見を言うこと、自分の能力を発揮すること、競争に勝つこと、これらは全て職業人として必要な資質であるが、いずれの行動も、女らしくない行動とされている。他者優先をせず、自分の意見を言い、能力を発揮し、競争にも勝つ女性に、この社会は決して好意的ではない。

だが、社会が求める女らしさに自分を合わせていても、いいことはない。非主張的なタイプを「ドアマットタイプ(※)」と呼ぶように、我慢ばかりしている人は、皆に踏みつけにされてしまう。それも悪意があって踏みつけにするのではなく、何も言わないから、気づかれずに踏みつけにされるのである。

女性が男性中心社会を生き抜くためには、自分を守りながら生きていかなければならない。そのときに何よりも強い武器になるのが**「自尊心」**である。他者優先では自尊心は育たない。生意気に娘を育てたら、娘は外でたたかれるのではないかと心配に

※ドアマットタイプの「ドアマット」とは、いつも踏みつけられて何も言えない人のことのたとえ。

なるかもしれない。家の中での態度の悪さに、よその人とやっていけるか不安になるかもしれない。

しかし心配しなくてよい。家の外は男性中心社会であり、娘たちは自分を守りながら生きている。その社会にあるまやかしを見抜くのも自尊心である。**家の中では娘の自尊心を十分にいたわり、育ててあげてほしい。**そんなことができる場所は家以外にはないのだから、ここでも母親はやせ我慢をしたい。

⑩子どもに多様な世界を経験させる

最後に、少しずつ手を引くことと重なるが、**娘の対人関係を邪魔しないように**ということを伝えたい。

どのような人とつきあおうと、娘はそれを糧にして成長していく。危険な人物と知り合って困ったことになったときは助けてあげればよいが、それ以外は娘の友人関係を尊重したい。その中には親にはできなかった支援をしてくれる人がいるかもしれないし、親がいなくなった後に、彼女の自尊心を支えてくれる人がいるかもしれない。

これは、娘を社交的にするようにと言っているのではない。自分に必要な友人の質と数がわかるためには、さまざまな対人関係の経験が必要だからである。ときに傷つきながらも娘は学んでいく。**娘の成長は娘自身に任せて、「母になった娘」は自分の成長を考えたい。**

母になったからといって成長は終わりではない。たぶんこれからもっともっと成長するはず。忙しくて、子どもになんかかまけていられない。あなたの人生を味わい尽くして楽しんでほしい。そして、そのことが何よりも娘の応援になることをお伝えしたい。

【著者紹介】

加藤 伊都子（かとう・いつこ）

フェミニストカウンセリング堺　所属
認定フェミニストカウンセラー

●――「フェミニストカウンセリング堺」及び自治体の相談室でフェミニストカウンセリングを行うほか、女性のための自己主張・自己尊重トレーニングのグループトレーナー、サポートグループ·CRなど女性のための語り合いグループのファシリテーター活動を行う。
また、セクハラ・DV防止研修、被害者支援活動を行うとともに、20年にわたる親業インストラクターの経験を活かし、教育問題講演会、母親グループのファシリテーターなど、子育て支援にも取り組む。

●――主な著書に『母娘かんけい～二年間の語り合いを終えて』グループスイトピー著（監修、フェミニストカウンセリング堺）、『私を語ることばに出会って』フェミニストカウンセリング堺編（新水社）などがある。

装幀・本文デザイン ―――――――――― 吉村 朋子

私は私。母は母。

2012年　3月30日　　第1刷発行
2019年　11月10日　　第7刷発行

著　者 ―― 加藤 伊都子
発行者 ―― 徳留 慶太郎
発行所 ―― 株式会社すばる舎
〒170-0013　東京都豊島区東池袋3-9-7 東池袋織本ビル
TEL　03-3981-8651（代表）
03-3981-0767（営業部直通）
Subarusya
FAX　03-3981-8638
URL　http://www.subarusya.jp/
振替　00140-7-116563
印　刷 ―― 株式会社シナノパブリッシングプレス

ISBN978-4-7991-0104-9　C0030